dtv

… If the customs and manners of men were everywhere the same, there would be no office so dull as that of a traveller.

Henry Fielding im Vorwort zu
«Journal of a voyage to Lisbon» (1755)

Dieses Buch enthält, in englisch-deutschem Paralleldruck, dreiundzwanzig Reiseberichte (Tagebuchaufzeichnungen, Briefe, Passagen aus Erzählungen) britischer Autoren. Die frühesten stammen aus dem achtzehnten Jahrhundert, die spätesten aus den ersten Jahrzehnten des zwanzigsten. Berichtet wird aus Oberbayern, Österreich und der Schweiz, aus Frankreich, Italien und Spanien, aus Griechenland, der Türkei und Ägypten. Das Buch bietet unterhaltsame, ja vergnügliche Lektüre, bei der eine Menge Interessantes zu erfahren ist.

Ein paar weitere Sätze über das Buch stehen im Nachwort auf Seite 185.

dtv zweisprachig · Edition Langewiesche-Brandt

Have a nice journey
Englische Reiseberichte aus zwei Jahrhunderten

ausgewählt und übersetzt von Hannelore Preibisch

Deutscher Taschenbuch Verlag

Originalanthologie / Erst- und Neuübersetzung
1. Auflage Mai 1998   2. Auflage Februar 1999
© Deutscher Taschenbuch Verlag GmbH & Co. KG, München
Umschlagkonzept: Balk & Brumshagen
Umschlagbild: William Turner: Venedig, die Dogana,
vom Hotel Europa aus gesehen, Aquarell, 1819
Satz: Greiner & Reichel, Köln
Gesamtherstellung: Kösel, Kempten
Gedruckt auf säurefreiem, chlorfrei gebleichtem Papier
ISBN 3-423-09369-2. Printed in Germany

D. H. Lawrence: Ein wunderschöner Tag 6 · 7
George Meredith: Grüne Alp, verschneite Gipfel 10 · 11
James Linton Bogle: Eine Reise ins Engadin 14 · 15
D. H. Lawrence: Frühling überm Gardasee 22 · 23
E. V. Lucas: Der Sankt-Markus-Platz 24 · 25
Lord Byron: Verliebt in Venedig 30 · 31
Mary Shelley: Erinnerung an Italien 34 · 35
Charles Dickens: Besteigung des Vesuv 50 · 51
Emily Birchall: Auf der Hochzeitsreise in Rom 64 · 65
Arnold Bennett: Gegensätze 70 · 71
Laurence Sterne: Unterwegs in Frankreich 84 · 85
Tobias Smollett: Wasser in der Provence 90 · 91
Henry James: Frühstück im Freien 100 · 101
John Murray: An der Schwelle der Pyrenäen 106 · 107
W. Somerset Maugham: Tanz in Andalusien 110 · 111
George Borrow: Ankunft in Tanger 118 · 119
William Makepeace Thackeray: Die Pyramiden 126 · 127
Walter Scott: Ätna, Graham, Vesuv 134 · 135
John Galt: Lord Byrons Pech auf Malta 138 · 139
Lord Byron: Ein stolzer Sohn besucht Albanien 144 · 145
W. M. Leake: Seidenraupen und Ruinen 158 · 159
Lady Mary Wortley Montagu: Das türkische Bad 166 · 167
Frances Trollope: Die feine Gesellschaft in Wien 174 · 175
Nachwort 185
Bio-bibliographische Notizen 187

D. H. Lawrence
A Lovely Day

(To William Hopkin) – Irschenhausen, Post Ebenhausen near Munich, 11. August 1913 – We are settled down again here now. Frieda is getting better of her trouble about the children, for the time being, at least. And I am glad we are together again. We think of staying here till the end of September, and of then going to Lerici, on the east coast of Italy, not far from Pisa. That would, I think, be ideal, if only we had the money and could get a place there.

It is lovely to be in Germany again, for the climate. Here everything looks so bright and sharply defined, after England. The mountains twenty miles away look much, much nearer than Crich Stand at home. One can see fold after fold of the Alps, all varying with the changing light. It is very beautiful, and it makes me so much more cheerful after England, where everything is dim and woolly, and the sky hangs low against one's head.

We have had half a dozen children here today. They are wild young things, full of life. It is such fun to see them racing about the woods and the grass in their striped bathing suits. They do it for the freedom of it, and call it taking a "Luft Bad" – an air bath. It is a very wild time we have with them.

Oh but I am glad to be again in this great wide landscape where one can breathe, and where one's head does not feel tightened in.

It will be lovely, if we go to Lerici, for Mrs. Hopkin to come there. There will be the Mediterranean, and the mountains, and my beloved Italy. It would

D. H. Lawrence
Ein wunderschöner Tag

(An William Hopkin) – Irschenhausen, Post Ebenhausen bei München, 11. August 1913 – Nun haben wir uns hier wieder niedergelassen. Frieda geht es zumindest für den Augenblick in ihrer Sorge um die Kinder besser. Und ich bin froh, dass wir wieder zusammen sind. Wir wollen bis Ende September hier bleiben und dann nach Lerici an die italienische Ostküste nicht weit von Pisa reisen. Ich glaube, das wäre traumhaft, wenn wir nur das Geld hätten und eine Bleibe dort bekommen könnten.

Es ist sehr gut, wieder in Deutschland zu sein, wegen des Klimas. Nach dem Aufenthalt in England ist hier alles so hell und klar. Die Berge, die dreißig Kilometer entfernt sind, wirken viel, viel näher als Crich Stand bei uns zuhause. Man kann jede einzelne Faltung der Alpen sehen und wie sie sich mit dem wechselnden Licht verändern. Es ist sehr schön und macht mich so viel froher als ich in England bin, wo alles trüb und verschwommen ist und einem der Himmel auf den Kopf fällt.

Heute hatten wir ein halbes Dutzend Kinder hier. Sie sind wilde, junge Dinger, voller Leben. Es ist ein Spaß, sie in ihren gestreiften Badeanzügen in Wald und Wiese um die Wette rennen zu sehen. Sie wollen sich ungehemmt austoben und nennen es, ein «Luftbad» nehmen. Es geht sehr wild zu mit ihnen.

Oh, wie froh bin ich, wieder in dieser großartigen, weiten Landschaft zu sein, wo man atmen kann und wo sich der Kopf nicht beklommen fühlt.

Für Mrs. Hopkin wird es schön sein, nach Lerici zu kommen, wenn wir dorthin reisen. Da haben wir dann das Mittelmeer und die Berge und mein geliebtes Italien. Es wird schon

not be so very dear. I hope we shall have some luck, and can get there. We should be so delighted for you to come.

I have written today my first sketch – on Eastwood. It interests me very much. I propose to do a bookful of sketches – publish them in the papers first. You, Willie Hopkin, must tell me all the things that happen, and sometimes send me a Rag. And remember I am going to do an article on the Artists of Eastwood. I do the Primitive Methodist Chapel next.

It is Frieda's birthday today. Her little niece came crowned with flowers, her little nephews in white, carrying a basket of peaches, and of apricots, and sweets in boxes, and perfumes, and big bunches of flowers, and other presents, walking in procession up the path through the meadow. Frieda stood on the verandah, dressed in Bavarian peasants dress, and received them. Then Peter, aged seven, recited some birthday verses, and Friedel blew on a mouth organ. I wanted to laugh, and to hide my head. We've had quite a feast.

We both send our love to you. Again thank you for having me at Devonshire Drive. I kiss my hand to that haughty Enid.

Yours D. H. Lawrence

nicht zu teuer werden. Ich hoffe, wir haben ein wenig Glück und können hinfahren. Wir würden uns freuen, wenn auch Ihr kämet.

Heute habe ich meinen ersten Einakter geschrieben – über Eastwood. Es fesselt mich sehr. Ich habe vor, ein ganzes Buch voller Einakter zu schreiben – aber sie erst in den Zeitungen zu veröffentlichen. Du, lieber Willie Hopkin, musst mir berichten, was sich alles ereignet hat, und mir manchmal eine lokale Tageszeitung schicken. Und denk daran, ich bin dabei, einen Artikel über die Künstler von Eastwood zu machen. Als nächstes ist die alte Methodisten-Kapelle dran.

Heute hat Frieda Geburtstag. Ihre kleine Nichte kam blumenbekränzt; ihre kleinen Neffen, ganz in Weiß, trugen einen Korb mit Pfirsichen und Aprikosen und Schachteln voller Süßigkeiten und Parfums, auch große Blumensträuße und andere Geschenke; sie zogen in einer Prozession durch die Wiese herauf. Frieda stand in einem Dirndlkleid auf der Veranda und empfing sie. Dann sagte Peter, der sieben Jahre alt ist, ein paar Verse zum Geburtstag auf, und Friedel blies auf einer Mundharmonika. Mir war zum Lachen, und ich musste es verbergen. Wir hatten ein richtiges Fest.

Wir beide grüßen Dich herzlich. Ich danke Dir auch noch einmal für den Aufenthalt in Devonshire Drive. Einen Handkuss an die stolze Enid.

Dein D. H. Lawrence

George Meredith
Green Alp, Snowy Peaks

(To Mrs. Marie Meredith) – Rieder Alp, Saturday, August 28, 1860 – My dearest Marie, I have been here a week, a week of Italian skies on the green Alp, with much climbing and descending, the sweetest air in life to breathe, and very pleasant quarters. We leave for Lausanne, Lucerne, Zürich, Friedrichshafen, Stuttgart, on Monday, halting perforce a day at each place – a night, I mean. At Lucerne I shall hear from you. You will write also to Stuttgart, I hope.

Yesterday we walked to the Merjelen See, a lake under the Oeggischhorn, about 13 miles distant; up rocks and down, and over the glacier to where the great Aletsch breaks abruptly in cliffs of ice and a beautiful blue water carries little bergs of ice on it. Four glaciers are visible around it and an infinite number of crags and snowy peaks. There is winter, summer on the rocks. Arthur walked remarkably well. Poco, behind us as usual, knocked over a grouse with a sagacious fling of a stone. We were anxious about him until he was observed from the inn-doors waving his trophy. We have had the inn almost entirely to ourselves, so sheepishly do the English go in flocks. The Oeggischhorn hotel is not half so well situated, yet they insist upon herding there, while the Rieder Alp is open to them, and they have to sleep two, three and four in a room.

In the morning I walk out to one of the falling brooks, strip and get a cascade over my shoulders.

George Meredith
Grüne Alp, verschneite Gipfel

(An Mrs. Marie Meredith) – Rieder Alp, Samstag, den 28. August 1869 – Meine liebste Marie, ich bin eine Woche hier, eine Woche mit italienischem Himmel über der grünen Alp, mit viel Auf- und Absteigen, mit der köstlichsten Luft, die ich je geatmet habe und mit sehr angenehmen Unterkünften. Am Montag reisen wir weiter nach Lausanne, Luzern, Zürich, Friedrichshafen und Stuttgart und bleiben notgedrungen an jedem Ort einen Tag – eine Nacht, meine ich. In Luzern sollte ich von Dir hören. Ich hoffe, Du schreibst mir auch nach Stuttgart.

Gestern wanderten wir zum Märjelen-See, einem See, der siebzehn Kilometer von hier entfernt unter dem Eggischhorn liegt; es ging über Stock und Stein und über den Gletscher dorthin, wo der große Aletsch-Gletscher jäh zu Eisschollen zerbricht und ein wunderschönes blaues Wasser kleine Eisberge mitführt. Vier Gletscher sind rundherum zu sehen und eine unendliche Zahl von Felsspitzen und verschneiten Berggipfeln. Dort ist Winter, Sommer mit Eis. Arthur marschierte bemerkenswert gut. Poco, der wie gewohnt hinter uns geblieben war, erlegte mit einem gekonnten Steinwurf ein Rauhfußhuhn. Wir machten uns Sorgen um ihn, bis er von der Gasthaustür aus beobachtet wurde, wie er seine Beute schwenkte. Das Gasthaus haben wir fast ganz für uns allein, weil die Engländer wie die Schafe mit der Herde laufen. Das Eggischhorn-Hotel liegt nicht halb so schön, aber sie bestehen darauf, dort in der Herde zu leben, obwohl ihnen die Rieder Alp offensteht; drunten müssen sie zu zweit, zu dritt und zu viert in einem Zimmer schlafen.

Morgens gehe ich zu einem der Wasserfälle, ziehe mich aus und lasse mir einen Schwall über die Schultern laufen. Nach

Then after breakfast comes the expedition. Returning home I bathe in a delightful clear lake, always in view of the great Alps I have named to you, and whose beauty is transcendant, inexhaustible. We dine at five, and pace up and down till bed-time under Italian stars, unimaginably bright and large.

Unlike the Riffel, the Rieder Alp enjoys a perpetually balmy air. The sun is on it from 5 a.m. to 5 1/2 p.m. For shade you descend half a mile to the fir forest. My morning bath is quite warm, and at night I can watch the stars for a while in my night-gown without the slightest warning of cold. Once up here how happy you and Willie and Betty would be.

Sunday, August 29th – I shall probably post this from Lausanne. The clouds have come.

Tuesday – Arrived at Lausanne. To-morrow to Lucerne. In great haste,
Your loving George Meredith

P. S. Disaster with the ink-bottle!

dem Frühstück folgt dann der Ausflug. Wenn ich zurück bin, bade ich im herrlich klaren See, immer mit Blick auf die großartigen Alpengipfel, deren Namen ich dir genannt habe und deren Schönheit überirdisch, unermesslich ist. Wir essen gegen fünf, und bis zur Schlafenszeit lustwandeln wir unter dem unvorstellbar funkelnden italienischen Sternenhimmel.

Anders als auf der Riffel-Alpe genießt man auf der Rieder Alp eine beständig milde Luft. Die Sonne scheint hier von fünf Uhr morgens bis halb sechs Uhr abends. Wenn man Schatten will, geht man 800 Meter bergab zum Tannenwald. Mein morgendliches Bad ist recht warm, und nachts kann ich die Sterne eine Weile im Schlafanzug beobachten, ohne die geringsten Anzeichen von Kälte zu spüren. Wie glücklich wäret Ihr hier, Du und Willie und Betty.

Sonntag 29. August – Wahrscheinlich werde ich den Brief in Lausanne abschicken. Wolken sind aufgezogen.

Dienstag – Bin in Lausanne angekommen. Fahre morgen nach Luzern. In großer Eile Dein Dich liebender
George Meredith

P. S. Großes Missgeschick mit dem Tintenfass!

James Linton Bogle
A Visit to the Engadine

In December, 1900, in quest of health, I visited the Engadine. Travelling through France and Switzerland, via Bale, Zurich, Tiefencastel, and Chur to St. Moritz in the Upper Engadine. Although the winter had set in, and the country was snowcovered, travelling in the warmed railway carriages over the north-east of France and Switzerland was comfortable enough; but when we arrived at the foot of the Julier Pass, over which we had to pass to reach St. Moritz, the change was startling. We travelled in sleighs, some covered and some open. I was unfortunate enough to only find a seat in one of these last open ones. There was a high wind; it was snowing and partially thawing, and although I was unusually warmly clad, with a heavy fur coat, a woollen muffler, an Engadine cap with ear-flaps and with warm gloves, never before had I felt the cold so intensely. As we approached the summit of the pass it became colder and colder; but luckily we had to stop at a hospice at the top (7.500 feet), where I managed to get some hot milk and whisky, for which I was most thankful. The temperature was not so low, as it was above freezing-point, but the wind and the damp atmosphere made it so trying. We arrived safely at St. Moritz that night, and two days afterwards I was walking about in a tweed suit enjoying myself, and not feeling the cold, although the thermometer registered a temperature not much above zero Fahrenheit.

The Upper Engadine is a wonderful country, a valley sixty miles long and seldom more than a mile wide:

James Linton Bogle
Eine Reise ins Engadin

Im Dezember 1900 reiste ich meiner Gesundheit wegen ins Engadin. Die Reise führte durch Frankreich in die Schweiz über Basel, Zürich, Tiefencastel und Chur nach St. Moritz ins Oberengadin. Obwohl der Winter eingebrochen und das Land schneebedeckt war, reiste man in den geheizten Eisenbahn-Waggons durch den Nordosten Frankreichs in die Schweiz recht bequem; als wir am Fuße des Julier-Passes ankamen, den wir überwinden mussten, um St. Moritz zu erreichen, kam die Umstellung sehr überraschend. Wir reisten in Schlitten weiter, teils mit Verdeck, teils offen. Unglücklicherweise bekam ich nur einen Platz in einem offenen Schlitten. Es war sehr windig; es schneite, dann wieder taute es, und obwohl ich ungewöhnlich warm angezogen war – mit einem schweren Pelzmantel, einem wollenen Halstuch, einem Engadiner Ohrenschützerhut und warmen Handschuhen –, empfand ich die Kälte so stark wie nie zuvor. Je mehr wir uns dem höchsten Punkt des Passes näherten, um so kälter wurde es, aber glücklicherweise mussten wir auf der Passhöhe bei 2.300 m an einem Hospiz anhalten, wo ich heiße Milch und Whisky bekommen konnte, wofür ich sehr dankbar war. Die Temperatur war nicht so niedrig, denn sie lag über dem Gefrierpunkt, aber der Wind und die feuchte Luft machten alles so anstrengend. Wir kamen nachts in St. Moritz wohlbehalten an, und nach zwei Tagen spazierte ich vergnügt in einem Tweed-Anzug umher und spürte die Kälte nicht, obwohl das Thermometer eine Temperatur von kaum weniger als minus 15 Grad Celsius anzeigte.

Das Oberengadin ist eine prächtige Landschaft, ein Tal von etwa 16 Kilometer Länge und selten mehr als eine Meile

the fine background of high mountains with their snowfields and glaciers, the placid lakes with their glittering surfaces hard frozen; a splendid field for all kinds of winter sports, and the country itself a veritable fairyland, with each tree and shrub covered with snow wreaths and ice crystals, make a "tout ensemble" which brings visitors from all directions to enjoy the beauties of this upper world and to recover their health in the pure and sheltered air of the Upper Engadine.

St. Moritz, 6.090 feet above sea-level, is a village situated above the lake of the same name, and consists mainly of hotels and pensions, with the bathing establishment below. I stayed at the Bavier Hotel at the entrance of the village on the high left bank, with a good view over the lake towards Pontresina and its mountains.

The great attraction for visitors was the winter sports. The Bavier had its own private skating rink, with seats round the margin, where one could practise figures and dancing, either day or night, with a gallery of interested spectators well wrapped up looking on; but the great centre was the Kulm Hotel and its lake, where competitions were held, and prizes given for figure skating, dancing, curling, etc.

Tobogganing on the village run was pleasant and quite exciting enough for me, guiding myself on the frozen sloping descent of the snow surface of the run, and sitting in the sledge with feet in front and a rod behind to steer by – a pleasant quick movement, not without some tumbles, but fairly safe. The élite patronized the well-known Cresta Run, and it was conducted in a different way; its length was the whole slope of the hill from St. Moritz into the valley; the run itself was on a clear iced surface between two snow-covered ridges, and on which the toboggan

breit: Eine großartige Kulisse mit hohen schneebedeckten Bergen und Gletschern, die ruhigen Seen mit ihren hartgefrorenen glitzernden Flächen; ein herrliches Gebiet für alle Wintersportarten, und das Land selbst ein richtiges Märchenland, in dem jeder Baum und Strauch mit Girlanden von Schnee und Eiskristallen bedeckt ist – ein Gesamtkunstwerk, das Besucher von überallher anlockt, die Schönheit dieser Bergwelt zu genießen und ihre Gesundheit in der reinen Luft und geschützten Lage wiederzugewinnen.

St. Moritz, 1.856 m über dem Meeresspiegel gelegen, ist ein kleiner Ort über dem gleichnamigen See und besteht hauptsächlich aus Hotels und Pensionen; die Bade-Einrichtungen sind unten. Ich habe im Hotel Bever Quartier genommen, am Ortseingang auf der linken Anhöhe mit einem schönen Blick über den See in Richtung auf Pontresina und seine Berge.

Die große Attraktion für Besucher war der Wintersport. Das Bever hatte seine eigene Eisbahn mit Sitzplätzen rund um die Bande, auf der man bei Tag und Nacht eislaufen und eistanzen konnte – unter einer Galerie voll interessierter, dickvermummter Zuschauer. Das große Zentrum aber war das Hotel Kulm und sein See, wo Wettbewerbe durchgeführt und Preise vergeben wurden für Eiskunstlauf, Eistanzen, Curling usw.

Schlittenfahren auf der Rodelbahn des Dorfes machte Spaß und war eigentlich aufregend genug für mich, besonders wenn ich allein über den schrägen gefrorenen Abhang der schneebedeckten Bahn steuerte und dabei im Schlitten saß mit den Füßen voraus und mit einer Stange hinten zum Steuern – eine lustige, rasche Fortbewegung nicht ohne einige Stürze, aber so gut wie gefahrlos. Die Könner nahmen am bekannten Cresta-Rennen teil; das wurde auf eine andere Art durchgeführt. Die Rennstrecke zog sich den ganzen Abhang des Hügels von St. Moritz hinunter bis ins Tal; man fuhr, zwischen zwei Schneewänden, auf einer blanken Eisrinne, auf

had to be kept, descending sharply to the plain; and
at the bottom, the toboggan was stopped by causing
it to run up a snow-covered elevation to overcome
its impetus. Competitors spread themselves out, head
first on the sledge, and steered with their feet behind,
the object being to descend in the shortest time
possible. In the races, the time was taken by stop-
watches to fractions of a second, each competitor, as
he started at the top and passed at the bottom, break-
ing a light tape which signalled the time. The great
rapidity of the descent caused many accidents; one
man broke his thigh-bone whilst I was there and I
saw a lady, Mrs. Astor, after an undulating journey
down the run, first to one side and then to the other,
at last go over the side, turning a somersault or
two in the soft snow at the bottom, then get up and
shake herself, apparently none the worse.

The bobsleighs are also good fun. Four people travel down along the snowy road among the trees, winding about with the usual corkscrew turns: the difficulty is to keep your seat and not lose way or pace
when one comes to the turn; all bend over on the
inside to keep the bobsleigh straight, and as the pace
is good it is an exhilarating sport to avoid an upset
and get down quickly and safely. Sometimes a trailer
is attached, a smaller toboggan holding one or two,
which swings along behind drawn by the heavier
one in front; of course at any particularly awkward
corner there would be a little group of interested
spectators waiting to enjoy a possible upset and to see
the bobsleighers turned upside down in the snow.

Ski-ing is another clever amusement, and skiers
glide very quickly over flat or sloping surfaces of
the mountains and also make long leaps in the air;
I found the shoes very tricky and awkward to walk

der man den Schlitten bei seiner scharfen Talfahrt halten musste. Im Ziel wurde der Schlitten dadurch gebremst, dass er auf einen Schneeberg gesteuert wurde, was ihm seinen Schwung nahm. Die Rennfahrer legten sich auf die Schlitten mit dem Kopf nach vorn und steuerten hinten mit den Beinen, um so schnell wie möglich hinunter zu kommen. Bei den Rennen wurde die Zeit mit Stoppuhren auf Sekundenbruchteile genau gemessen, wobei jeder Rennfahrer beim Start und im Ziel eine Lichtschranke durchbrach, die die Zeitmessung auslöste. Die große Geschwindigkeit bei der Abfahrt verursachte viele Unfälle; während meiner Anwesenheit brach sich ein Mann seinen Oberschenkel, und ich beobachtete, wie eine Dame, Frau Astor, die Strecke im Zickzack-Kurs fuhr, erst auf die eine Seite, dann auf die andere und schließlich über die Strecke hinauskippte und am Ende einen oder zwei Purzelbäume im weichen Schnee schlug, dann aufstand und sich schüttelte, offensichtlich ohne Schaden.

Bobfahren macht auch viel Spaß. Vier Leute sausen die verschneite Straße zwischen den Bäumen in Serpentinen hinunter; die Schwierigkeit ist, sich auf dem Sitz zu halten und nichts an Richtung und Geschwindigkeit zu verlieren, wenn man in die Kurve kommt; alle legen sich zur Innenseite, um den Bob gerade zu halten, und da das Tempo schnell ist, ist es ein sportliches Vergnügen, einen Sturz zu vermeiden und schnell und sicher hinunter zu fahren. Manchmal kommt ein Anhänger dran, ein kleinerer Schlitten für eine oder zwei Personen, der von dem schweren vorderen gezogen hinterdreinwedelt; natürlich warten an jeder besonders unangenehmen Kurve kleine Gruppen Schaulustiger, um sich über einen möglichen Sturz zu amüsieren und zu sehen, wie die Bobfahrer kopfüber im Schnee stecken.

Skifahren ist ein anderes hübsches Vergnügen; Skier gleiten sehr schnell über flaches oder steiles Gelände in den Bergen: Man kann auch weite Sprünge in der Luft mit ihnen machen. Für mich waren die Skischuhe ein Problem: Es war

upon, continually tripping and falling sideways into the snow, and having great difficulty in righting myself.

The climate is stimulating to a degree, very dry and sunny, and has a remarkable effect upon newly arrived invalids, increasing their appetites and putting new life into them. Whilst able to take exercise, and enjoy the sunshine and tonic air, it is most enjoyable to spend the winter there, but if attacked by influenza (not an unlikely thing to occur in these hotels full of visitors), and it is necessary to lie in bed and be nursed, it is difficult to recover, and the wintry scene adds to the general depression and weakness of the invalid; it was so in my case, so that I was glad to leave the Engadine with its snow and ice and pass down to sunny and warm Italy through the beautiful Maloja Pass.

It was charming to see the budding green of the chestnut trees and to enjoy the balmy air and admire the foliage of the woods as we reached the head of Como Lake.

Mr. Duncan Fox, who had been staying at the Bavier Hotel, and with whom I had formed a friendship, accompanied me as he also wished to visit Italy; so we travelled together. He was a nephew of Sir C. Douglas Fox, the distinguished engineer, and a pleasant companion.

It was on our way back to England through the Riviera that I first visited Bordighera, where Fox and I spent some time together visiting Sasso and other places in the neighbourhood, and afterwards Nice, returning to Devonshire in March, 1901.

mir unangenehm, darin zu laufen; ständig stolperte ich und fiel seitwärts in den Schnee und hatte große Mühe, mich wieder aufzurichten.

Das Klima ist in Maßen anregend, sehr trocken und sonnig, und hat eine erstaunliche Wirkung auf kranke Neuankömmlinge: Es steigert ihren Appetit und gibt ihnen neuen Schwung. Wenn man Sport treiben, die Sonne und die anregende Luft genießen kann, ist es am vergnüglichsten, den Winter hier zu verbringen; wenn man aber von einer Grippe heimgesucht wird (was bei diesen Hotels, die mit Gästen voll besetzt sind, leicht passieren kann) und es notwendig ist, im Bett zu liegen und gepflegt zu werden, dann erholt man sich nur schwer, und der winterliche Schauplatz trägt noch zur allgemeinen Niedergeschlagenheit und Schwäche des Kranken bei. So war es in meinem Fall: Ich war froh, das Engadin mit seinem Schnee und seinem Eis zu verlassen und über den schönen Maloja-Pass hinunter ins sonnige, warme Italien weiterzureisen.

Es war bezaubernd, das knospende Grün der Kastanienbäume zu sehen, die balsamische Luft zu atmen und das Laub der Wälder zu bewundern, als wir die Spitze des Comersees erreichten.

Mr. Duncan Fox, der auch im Hotel Bever logiert und mit dem ich mich angefreundet hatte, begleitete mich, weil auch er Italien sehen wollte; so reisten wir zusammen. Er war ein Neffe von Sir C. Douglas Fox, dem berühmten Ingenieur, und ein angenehmer Begleiter.

Auf unserem Rückweg nach England über die Riviera kam ich zum ersten Mal nach Bordighera, wo Fox und ich einige Zeit blieben und Sasso und andere Orte der Umgebung besichtigten. Danach besuchten wir noch Nizza, und im März 1901 kehrten wir nach Devonshire zurück.

D. H. Lawrence
Spring above the Garda Lake

(To Ada Lawrence) – San Gaudenzio, Gargnano,
5. April 1913 – My dear Sister, I'm afraid you'll be
grieved to hear that after all we are probably coming
to England very shortly. Frieda wants to be within
reach of the children. We are staying up here for
about a week. Then we are going to Verona to meet
Frieda's sister on her return from Rome – then to
England. We shall stay a while at the Cearne, then
probably in Sussex. Then we should see you at Whitsuntide. But I shall write you again, definitely.

This is a lovely place – a farm high on the
mountain side. It has grounds a mile round – vines,
olive gardens. I sit in a deserted lemon-garden that
gets so warm with the sun. There are little grape
hyacinths standing about – they are all over the
mountains – and violets. Peach blossom is rosy
pink among the grey olives, and cherry blossom
and pear are white. We love the people of the farm –
such warm folks. At evening we play games in the
kitchen. On Sunday there was a band of four – cello,
mandolin, 2 guitars, playing in a corner, queer lively
Italian music, while we danced. The peasants of the
mountains were in. One was a good looking, wild
fellow, with a wooden leg. He danced like anything
with Frieda and Mrs Anthony, a friend of ours who
is also staying here, and he danced well. So you see
we have quite a life of it.

D. H. Lawrence
Frühling überm Gardasee

(An Ada Lawrence) – San Gaudenzio, Gargnano, 5. April 1913 –
Meine liebe Schwester, ich fürchte, Du wirst traurig sein,
wenn Du hörst, dass wir wahrscheinlich doch nur ganz kurz
nach England kommen. Frieda möchte in Reichweite der Kinder sein. Wir bleiben hier ungefähr eine Woche. Dann fahren
wir nach Verona, um Friedas Schwester auf ihrer Rückreise
aus Rom zu treffen – dann nach England. Wir werden eine
Zeit lang in Cearne bleiben, dann wahrscheinlich in Sussex.
Dann möchten wir Dich in Whitsuntide sehen. Aber ich gebe
Dir noch einmal endgültig Bescheid.

Dies hier ist ein hübscher Ort – ein Bauernhof hoch oben
auf einem Bergrücken. Eineinhalb Kilometer Land rundherum gehören dazu – Weinstöcke, Olivengärten. Ich sitze in
einem verlassenen Zitronenhain, wo es in der Sonne so warm
wird. Rundherum stehen kleine Hyazinthen – sie sind hier
überall auf den Bergen – und Veilchen. Die Pfirsichblüte ist
frisch rosa zwischen grauen Oliven, weiß sind Kirschblüte
und Birnenblüte. Wir mögen die Leute vom Bauernhof – so
warmherzige Leute. Abends machen wir in der Küche Spiele.
Am Sonntag war eine vierköpfige Musikgruppe da – Cello,
Mandoline und zwei Gitarren –, die spielte in einer Ecke
eigenartig lebhafte italienische Musik, und wir tanzten dazu.
Die Landbevölkerung von den Bergen war da. Ein hübscher,
wilder Bursche mit einem Holzbein war dabei. Er tanzte
gleich viel mit Frieda und Mrs Anthony, einer Freundin von
uns, die sich auch hier aufhält, und er tanzte gut. Wie Du
siehst, genießen wir das Leben.

E.V. Lucas
St. Mark's Square

St. Mark's Square, or the Piazza, is more than the centre of Venice: to a large extent it is Venice. Good Venetians when they die flit evermore among its arcades.

No other city has so representative a heart. On the four musical nights here – afternoons in the winter – the Piazza draws like a magnet. That every stranger is here, you may be sure, and most Venetian men. Some sit outside Florian's and the other cafés; others walk round and round the bandstand; others pause fascinated beside the musicians. And so it has been for centuries, and will be. New ideas and fashions come slowly into this city, where one does quite naturally what one's father and grandfather did; and a good instance of such contented conservatism is to be found in the music offered to these contented crowds, for they are still true to Verdi, Wagner, and Rossini, and with reluctance are experiments made among the newer men.

In the daytime the population of the Piazza is more foreign than Venetian. In fact the only Venetians to be seen are waiters, photographers, and guides, the knots of errand boys watching the artists, and, I might add, the pigeons. But at night Venice claims it, although the foreigner is there too. It is amusing to sit at a table on the outside edge of Florian's great quadrangle of chairs and watch the nationalities, the Venetians, the Germans, the Austrians, and the Anglo-Saxons, as they move steadily round and round. Venice is, of course, the paradise both of Germans and

E. V. Lucas
Der Sankt-Markus-Platz

Der Sankt-Markus-Platz oder die Piazza ist mehr als der Mittelpunkt Venedigs: Er ist das eigentliche Venedig. Gute Venezianer geistern, wenn sie sterben, immerfort durch seine Arkaden.

Keine andere Stadt hat so einen wesensechten Kern. An den vier Musikabenden – das sind vier Nachmittage im Winter – hat der Platz eine Anziehungskraft wie ein Magnet. Man kann sicher sein, dass jeder Fremde und die meisten Venezianer da sind. Manche sitzen vor dem Florian und den anderen Cafés; andere spazieren rund um das Musikpodium; wieder andere verweilen hingerissen bei den Musikern. So war es jahrhundertelang, und so wird es bleiben. Neue Ideen und Moden dringen nur langsam in die Stadt ein, in der man ganz selbstverständlich das tut, was Vater und Großvater getan haben; ein gutes Beispiel für solch zufriedenes Beharrungsvermögen ist die Musik, die den zufriedenen Menschenmengen angeboten wird: Sie sind noch Verdi, Wagner und Rossini treu, und nur widerstrebend werden Versuche mit moderneren Kompositionen gemacht.

Tagsüber ist der Platz mit mehr Fremden als Venezianern bevölkert. Tatsächlich: die einzigen Venezianer sind die Kellner, die Fotografen und Führer, die Grüppchen von Laufburschen, die die Künstler beobachten und, nicht zu vergessen, die Tauben. Aber abends beansprucht Venedig selbst den Platz, obwohl die Fremden auch da sind. Es ist unterhaltsam, an einem Tisch an der äußeren Ecke von Florians großem Geviert der Sitzplätze zu verweilen und die Nationalitäten, die Venezianer, die Deutschen, die Österreicher und die Angelsachsen, zu beobachten, wie sie immerzu rundherum gehen. Venedig ist natürlich das Paradies der Deutschen und

Austrians. Every day in the spring and summer one
or two steamers arrive from Trieste packed with Austrian tourists awfully arrayed. Some hundreds have
to return to Trieste at 2 o'clock; other hundreds remain till night. The beautiful word Venezia, which we
cheapen but not too cruelly to Venice and the French
soften to Venise, is alas! to Teutonic tongues Venedig.

The Venetians reach the Square first, smart,
knowing, confident, friendly, and cheerful; then the
Germans and Austrians, very obviously trippers;
and then, after their hotel dinners, at about quarter
past nine, the English: the women with low necks,
the men in white shirts, talking a shade too loud,
monarchs of all they survey. But the honeymooners
are the best – the solicitous young bridegrooms
from Surbiton and Chislehurst in their dinnerjackets
and black ties; their slender brides, with pretty wraps
on their heads, here probably for the last or the
first time, and so determined to appear Continental
and tolerant, bless their hearts! They walk round
and round, or sit over their coffee, and would be so
happy and unselfconscious and clinging were it not
for the other English here.

St. Mark's: The Interior
Let us now enter the atrium. When I first did so, in
1889, I fell at once into the hands of a guide, who,
having completed his other services, offered for sale a
few pieces of mosaic which he had casually chipped
off the wall with his knife somewhere in the gallery.
Being young and simple I supposed this the correct
thing for guides to do, and was justified in that belief
when at the Acropolis, a few weeks later, the terrible
Greek who had me in tow ran lightly up a workman's
ladder, produced a hammer from his pocket and

Österreicher. Im Frühling und Sommer kommen jeden Tag ein oder zwei Dampfer aus Triest an, vollbesetzt mit unglaublich herausgeputzten Österreichern. Ein paar Hundert müssen um zwei Uhr nach Triest zurück; weitere Hunderte bleiben bis nachts. Das schöne Wort Venezia, das wir, nicht allzu grausam, zu Venice verkürzen und die Franzosen zu Venise mildern, ist, ach, für teutonische Zungen Venedig.

Die Venezianer kommen als erste auf den Platz, feingemacht, vertraut, erwartungsfroh, freundlich und heiter; dann kommen die Deutschen und Österreicher, ganz offensichtlich Ausflügler; und dann nach dem Abendessen im Hotel, so gegen Viertel nach neun Uhr, die Engländer: die Damen mit tiefem Ausschnitt, die Herren in weißen Hemden; sie reden eine Spur zu laut und sind Herrscher über alles, was sie überblicken. Aber das beste sind die Hochzeitsreisenden – die besorgten jungen Ehemänner aus Surbiton und Chislehurst in ihren Abendjacken mit schwarzen Krawatten, und ihre schmächtigen Bräute mit hübschen Kopftüchern; sie sind wahrscheinlich zum ersten und letzten Mal hier und bemühen sich, wie unbefangene Kontinental-Europäer zu wirken. Gott segne sie! Sie spazieren im Kreis oder sitzen bei ihrem Kaffee und wären glücklich, unbefangen und entspannt, wenn nicht die anderen Engländer da wären.

Sankt Markus von innen
Wir wollen nun in die Vorhalle eintreten. Als ich das 1889 zum ersten Mal tat, fiel ich sofort einem Führer in die Hände, der gerade seine anderen Dienste beendet hatte; er bot mir ein paar Mosaiksteine zum Kauf an, die er beiläufig irgendwo in der Galerie mit seinem Messer aus der Wand gebrochen hatte. Da ich jung und naiv war, nahm ich an, dass das einem Führer erlaubt war, und wurde in diesem Glauben bestärkt, als ein paar Wochen später auf der Akropolis der schreckliche Grieche, der mich im Schlepptau hatte, einfach eine Handwerkerleiter hinaufkletterte, einen Hammer aus der Tasche zog

knocked a beautiful carved leaf from a capital. But St. Mark's has no such vandals to-day. There are guides in plenty, who detach themselves from its portals or appear suddenly between the flagstaffs with promises of assistance; but they are easily repulsed and the mosaics are safe.

und ein wunderschön gemeißeltes Blatt aus einem Kapitell schlug. Heutzutage gibt es in Sankt Markus solche Vandalen nicht mehr. Es gibt zahlreiche Führer, die aus den Eingängen treten oder plötzlich zwischen den Fahnenstangen auftauchen und ihre Dienste anbieten; aber sie sind leicht zurückzuweisen, und die Mosaike bleiben unversehrt.

Lord Byron
Venice, Fallen in Love

(To Thomas Moore) – Venice, November 17, 1816 –
I wrote to you from Verona the other day in my progress hither, which letter I hope you will receive. Some three years ago, or it may be more, I recollect your telling me that you had received a letter from our friend Sam, dated "On board his gondola". *My* gondola is, at this present, waiting for me on the canal; but I prefer writing to you in the house, it being autumn – and rather an English autumn than otherwise. It is my intention to remain at Venice during the winter, probably, as it has always been (next to the East) the greenest island of my imagination. It has not disappointed me; though its evident decay would, perhaps, have that effect upon others. But I have been familiar with ruins too long to dislike desolation.

Besides, I have fallen in love, which, next to falling into the canal, (which would be of no use, as I can swim), is the best or the worst thing I could do. I have got some extremely good apartments in the house of a "Merchant of Venice", who is a good deal occupied with business, and has a wife in her twenty-second year. Marianna (that is her name) is in her appearance altogether like an antelope. She has the large, black, oriental eyes, with that peculiar expression in them which is seen rarely among *Europeans* – even the Italians – and which many of the Turkish women give themselves by tinging the eyelid, – an art not known out of that country, I believe. This expression she has *naturally*, – and something more

Lord Byron
Verliebt in Venedig

(An Thomas Moore) – Venedig, 17. November 1816 – Neulich schrieb ich Dir aus Verona auf dem Weg hierher – hoffentlich wirst Du den Brief erhalten. Ich erinnere mich, wie Du mir vor etwa drei Jahren – es kann auch schon länger her sein – erzählt hast, dass Du von unserem Freund Sam einen Brief mit dem Vermerk «An Bord seiner Gondel» erhalten hast. *Meine* Gondel erwartet mich zu dieser Stunde auf dem Kanal; aber ich schreibe Dir lieber im Haus, denn es ist Herbst – und eher ein richtig englischer als sonst einer. Ich habe vor, den Winter über in Venedig zu bleiben, wahrscheinlich deswegen, weil es (nächst dem Orient) in meiner Vorstellung die allerlebendigste Insel ist. Es enttäuscht mich auch nicht, obwohl sein sichtbarer Verfall vielleicht auf andere so wirkt. Ich bin zu lange mit Ruinen vertraut, als dass ich dem Niedergang nichts abgewinnen könnte.

Übrigens: ich habe mich verliebt. Das ist, außer in den Kanal zu fallen (was unnütz wäre, weil ich schwimmen kann), das beste oder schlechteste, was ich tun konnte. Ich habe eine außerordentlich schöne Wohnung bekommen im Hause eines «Kaufmanns von Venedig», der von seinen Geschäften ziemlich stark beansprucht wird und eine zweiundzwanzigjährige Frau hat. Marianna (so heißt sie) ist in ihrer Erscheinung ganz und gar wie eine Antilope. Sie hat die großen schwarzen orientalischen Augen mit dem besonderen Ausdruck, der bei Europäern, auch bei Italienern, so selten zu sehen ist und den viele Türkinnen dadurch erzielen, dass sie sich die Augenlider färben – eine Kunst, die, glaube ich, außerhalb jenes Landes unbekannt ist. Marianna hat diesen Ausdruck von Natur aus – und noch etwas mehr als das. Ach was, ich kann nicht be-

than this. In short, I cannot describe the effect of this kind of eye, – at least upon me. Her features are regular, and rather aquiline – mouth small – skin clear and soft, with a kind of hectic colour – forehead remarkably good: her hair is of the dark gloss, curl, and colour of Lady J's: her figure is light and pretty, and she is a famous songstress – scientifically so; her natural voice (in conversation, I mean) is very sweet; and the naïveté of the Venetian dialect is always pleasing in the mouth of a woman.

schreiben, wie diese Art von Augen wirken, zumindest auf mich. Ihre Gesichtszüge sind ebenmäßig und etwas adlerartig, der Mund klein, die Haut rein und glatt und von munterer Frische, die Stirn auffallend gut geformt; ihr Haar ist ebenso dunkel glänzend und gelockt und von derselben Farbe wie das der Lady J.; ihre Gestalt ist schmal und hübsch, und sie ist eine berühmte Sängerin – nach allen Regeln der Kunst; ihre natürliche Stimme (ich meine im Gespräch) ist sehr lieblich, und das Ungekünstelte des venezianischen Dialekts ist im Mund einer Frau immer entzückend.

Mary Shelley
Recollections of Italy

After three weeks of incessant rain, at Midsummer, the sun shone on the town of Henley upon Thames. At first the roads were deep with mud, the grass wet, and the trees dripping; but after two unclouded days, on the second afternoon, pastoral weather commenced; that is to say, weather when it is possible to sit under a tree or lie upon the grass, and feel neither cold nor wet. Such days are too rare not to be seized upon with avidity. We English often feel like a sick man escaping into the open air after a three months' confinement within the four walls of his chamber; and if "an ounce of sweet be worth a pound of sour", we are infinitely more fortunate than the children of the south, who bask a long summer life in his rays, and rarely feel the bliss of sitting by a brook's side under the rich foliage of some well-watered tree, after having been shut up week after week in our carpeted rooms, beneath our white ceilings.

The sun shone on the town of Henley upon Thames. The inhabitants, meeting one another, exclaimed: "What enchanting weather! It has not rained these two days; and, as the moon does not change till Monday, we shall perhaps enjoy a whole week of sunshine!" Thus they congratulated themselves, and thus also I thought as, with the Eclogues of Virgil in my pocket, I walked out to enjoy one of the best gifts of heaven, a rainless, windless, cloudless day. The country around Henley is well calculated to attune to gentlest modulations the rapturous emotions to which the balmy, ambient air gave birth in my heart.

Mary Shelley
Erinnerung an Italien

Nachdem es im Hochsommer drei Wochen unaufhörlich geregnet hatte, schien die Sonne auf die Stadt Henley upon Thames. Erst waren die Straßen voll Schlamm, das Gras nass und es tropfte von den Bäumen; aber nach zwei wolkenlosen Tagen begann am zweiten Nachmittag Ausflugswetter, das heißt ein Wetter, bei dem man unter einem Baum sitzen oder im Gras liegen kann, ohne zu frieren oder nass zu werden. Solche Tage sind zu selten, als dass man sie nicht gierig ausnutzte. Wir Engländer fühlen uns oft wie ein Kranker, der ins Freie entkommt, nachdem er drei Monate in seinen vier Wänden eingesperrt war. Wenn es stimmt, dass «eine Unze Süßes ein Pfund Saures aufwiegt», sind wir unendlich viel besser dran als die Kinder des Südens, die sich einen ganzen Sommer lang in der Sonne wärmen und wohl kaum das Wohlgefühl kennen, das man erlebt, wenn man nach vielen Wochen in teppich-ausgelegten Räumen unter weißen Zimmerdecken an einem Bach unter dem üppigen Blätterdach eines gut gewässerten Baumes sitzen darf.

Die Sonne schien auf die Stadt Henley upon Thames. Die Bewohner, die sich trafen, riefen aus: «Was für ein herrliches Wetter! Es hat schon zwei Tage nicht geregnet; wenn der Mond bis Montag nicht wechselt, können wir vielleicht eine ganze Woche Sonnenschein genießen!» So beglückwünschten sie sich gegenseitig, und so dachte auch ich, als ich mit den Hirtengedichten Vergils in der Tasche hinausspazierte, um eines der besten Geschenke des Himmels zu genießen: einen regenlosen, windstillen, wolkenlosen Tag. Das Land rund um Henley ist gut geeignet, die leidenschaftlichen Gefühle, die von der mich umgebenden balsamischen Luft in meinem Innersten geweckt wurden in

The Thames glides through grassy slopes, and its banks are sometimes shaded by beechwood, and sometimes open to the full glare of the sun. Near the spot towards which I wandered several beautiful islands are formed in the river, covered with willows, poplars, and elms. The trees of these islands unite their branches with those of the firm land, and form a green archway which numerous birds delight to frequent. I entered a park belonging to a noble mansion; the grass was fresh and green; it had been mown a short time before; and, springing up again, was softer than the velvet on which the Princess Badroulboudour walked to Aladdin's palace. I sat down under a majestic oak by the river's side. (…)

Edmund Malville, a man whom I reverenced and loved beyond expression, sat down beside me, and we entered into conversation on the weather, the river, Parry's voyage, and the Greek revolution. But our discourse dwindled into silence; the sun declined; the motion of the fleckered shadow of the oak tree, as it rose and fell, stirred by a gentle breeze; the passage of swallows, who dipt their wings into the stream as they flew over it; the spirit of love and life that seemed to pervade the atmosphere, and to cause the tall grass to tremble beneath its presence; all these objects formed the links of a chain that bound up our thoughts in silence.

Idea after idea passed through my brain; and at length I exclaimed, why or wherefore I do not remember, – "Well, at least this clear stream is better than the muddy Arno."

Malville smiled. I was sorry that I had spoken; for he loved Italy, its soil, and all that it contained, with a strange enthusiasm. But, having delivered my opinion, I was bound to support it, and I continued:

sanfteste Spielarten umzustimmen. Die Themse fließt zwischen Grashügeln, ihre Ufer sind bald von Buchen beschattet, bald offen für das volle Sonnenlicht. In der Nähe der Stelle, zu der ich ging, gibt es einige schöne Inseln im Fluss, die mit Weiden, Pappeln und Ulmen bewachsen sind. Die Bäume auf diesen Inseln verbinden ihre Äste mit denen am Ufer und bilden so einen grünen Laubengang, in dem zahlreiche Vögel mit Lust ein- und ausfliegen. Ich kam in einen Park, der zu einem vornehmen Haus gehört; das Gras war frisch und grün; es war kurz zuvor gemäht worden, und im Nachwachsen war es weicher als der Teppich, auf dem die Prinzessin Bedrulbudur zu Aladins Palast wandelte. Ich setzte mich unter eine mächtige Eiche am Flussufer. (…)

Edmund Malville, ein Mann, den ich, mehr als ich sagen kann, schätzte und liebte, setzte sich neben mich, und wir begannen eine Unterhaltung über das Wetter, den Fluss, die Reise von Parry und die griechische Revolution. Aber unser Gespräch versickerte im Schweigen; die Sonne sank; das Auf und Ab des gesprenkelten Schattens der Eiche wurde durch einen sanften Windstoß angeregt; die Schwalben tauchten beim Darüberfliegen ihre Flügel in den Fluss; der Geist von Liebe und Leben schien die Luft zu durchdringen und das hohe Gras unter seiner Gegenwart erzittern zu lassen; alle diese Dinge bildeten die Glieder einer Kette, die unser beider Sinnen im Schweigen verbanden.

Ein Gedanke nach dem anderen ging mir durch den Kopf; schließlich rief ich aus – ich weiß nicht, warum und weshalb – „Nun, dieser klare Fluss ist immerhin besser als der schlammige Arno».

Malville lächelte. Es tat mir leid, dass ich es gesagt hatte; denn er liebte Italien, seinen Boden und alles, was dazu gehörte, mit einer sonderbaren Begeisterung. Aber da ich meine Meinung geäußert hatte, musste ich sie aufrechterhal-

"Well, my dear friend, I have also seen the Arno, so I have some right to judge. I certainly was never more disappointed with any place than with Italy – that is to say, taken all in all. The shabby villas; the yellow Arno; the bad taste of the gardens, with their cropped trees and deformed statues; the suffocating scirocco; the dusty roads; their ferries over their broad, uninteresting rivers, or their bridges crossing stones over which water never flows; that dirty Brenta (the New River Cut is an Oronooko to it); and Venice, with its uncleaned canals and narrow lanes, where Scylla and Charybdis meet you at every turn; and you must endure the fish and roasted pumpkins at the stalls, or the smell –"

"Stop, blasphemer!" cried Malville, half angry, half laughing, "I give up the Brenta; but Venice, the Queen of the sea, the city of gondolas and romance –"

"Romance, Malville, on those ditches? –"

"Yes, indeed, romance! – genuine and soul-elevating romance! Do you not bear in mind the first view of the majestic city from Fusina, crowning the sea with Cybele's diadem? How well do I remember my passage over, as with breathless eagerness I went on the self-same track which the gondolas of the fearless Desdemona, the loving Moor, the gentle Belvidera, and brave Pierre, had traced before me; they still seemed to inhabit the palaces that thronged on each side, and I figured them to myself gliding near, as each dark, mysterious gondola passed by me. How deeply implanted in my memory is every circumstance of my little voyage home from the opera each night along what you call ditches; when sitting in one of those luxurious barks, matched only by that which bore Cleopatra to her Antony, all com-

ten und fuhr fort: «Nun, mein lieber Freund, auch ich habe den Arno gesehen und deshalb ein gewisses Recht zu urteilen. Ich war bestimmt von keinem Land mehr enttäuscht als von Italien – sagen wir: alles in allem. Die schäbigen Villen, der gelbe Arno, die geschmacklosen Gärten mit den gestutzten Bäumen und verunstalteten Statuen, der stickige Schirokko, die staubigen Straßen, die Fähren über die breiten, langweiligen Flüsse, oder die Brücken, die über Steine führen, über die niemals je Wasser fließt; diese schmutzige Brenta (der New River Cut ist im Vergleich dazu ein Oronooko); und Venedig mit den unsauberen Kanälen und engen Gassen, wo einem auf Schritt und Tritt Scylla und Charybdis begegnen und wo man Fisch und geröstete Kürbisse in den Marktbuden ertragen muss oder den Geruch ...»

«Halt, Sie Lästerzunge!» rief Malville halb ärgerlich, halb lachend. «Das mit der Brenta gebe ich zu, aber Venedig, die Königin des Meeres, die Stadt der Gondeln und der Romantik ...»

«Romantik, Malville, in diesen Abwassergräben?»

«Ja, wirklich Romantik! Echte und erhebende Romantik! Denken Sie nicht an den ersten Anblick der herrlichen Stadt von Fusina aus, wie sie das Meer mit dem Diadem der Cybele krönt? Wie gut erinnere ich mich an meine Überfahrt, bei der ich mit atemlosem Eifer dieselbe Spur verfolgte, die vor mir die Gondeln der furchtlosen Desdemona, des verliebten Mohren, der sanften Belvidera und des guten Pierre gezogen hatten; sie schienen noch in den Palästen zu wohnen, die auf beiden Seiten enggedrängt stehen, und ich glaubte, dass sie mit jeder dunklen, geheimnisvollen Gondel, die vorüberfuhr, zu mir herangglitten. Wie tief ist meinem Gedächtnis jede Einzelheit meiner kurzen nächtlichen Fahrten zurück von der Oper eingeprägt entlang dem, was Sie Abwassergräben nennen; wenn ich in einer der Luxusbarken saß, die nur mit der zu vergleichen war, die Cleopatra zu ihrem Antonius trug, war alles dazu angetan, romantische Gefühle zu wecken

bined to raise and nourish romantic feeling. The dark canal, shaded by the black houses; the melancholy splash of the oar; the call, or rather chaunt made by the boat-men, "Ca Stalí!" (the words themselves delightfully unintelligible) to challenge any other bark as we turned a corner; the passing of another gondola, black as night and silent as death – Is not this romantic? Then we emerged into the wide expanse before the Place of St. Mark; the cupolas of the church of Santa Maria de la Salute were silvered by the moonbeams; the dark tower rose in silent majesty; the waves rippled; and the dusty line of Lido afar off was the pledge of calm and safety. The Paladian palaces that rose from the Canale Grande; the simple beauty of the Rialto's single arch –"

"Horrible place! I shall never forget crossing it –"

"Ay, that is the way with you of this world. But who among those who love romance ever thinks of going on the Rialto when they have once heard that the fish-market is held there? No place, trust an adept, equals Venice in giving 'a local habitation and a name,' to the restless imaginations of those who pant to quit the 'painted scene of this new world' for the old world, peopled by sages who have lived in material shape, and heroes whose existence is engendered in the mind of man alone. I have often repeated this to myself as I passed the long hours of the silent night watching the far lights of the distant gondolas, and listening to the chaunt of the boat-men as they glided under my window. How quiet is Venice! no horses; none of the hideous sounds and noises of a town. I grant that in lanes – but why talk of what belongs to every town; dirty alleys, troublesome market-women, and the mark of a maritime

und zu nähren. Der dunkle Kanal, der von den schwarzen Häusern beschattet wurde; der schwermütige Ruderschlag; der Ruf oder eher Gesang der Gondoliere, «Ca Stalí!» (die Worte selbst entzückend unverständlich), um eine andere Barke zu warnen, wenn wir um eine Ecke bogen; das Vorübergleiten einer anderen Gondel, schwarz wie die Nacht und still wie der Tod – ist das nicht romantisch? Dann glitten wir auf die weite Fläche vor dem Markusplatz hinaus; die Kuppeln der Kirche Santa Maria de la Salute waren von den Mondstrahlen versilbert; der dunkle Campanile ragte in ruhiger Würde auf; die Wellen kräuselten sich, und die graue, weit entfernte Linie des Lido war ein Unterpfand für Ruhe und Sicherheit. Die fürstlichen Paläste, die den Canale Grande säumten; die schlichte Schönheit der einbogigen Rialtobrücke ...»

«Schrecklicher Ort! Ich werde nie vergessen, wie ich hinüberging ...»

«Ja, das ist eben Ihre Art, mit dieser Welt umzugehen. Wer von den Liebhabern der Romantik würde darauf kommen, auf die Rialto Brücke zu gehen, wenn er weiß, dass dort der Fischmarkt abgehalten wird? Kein Ort, glauben Sie einem Kenner, gleicht Venedig darin, wie es der ruhelosen Fantasie derer ‹eine Heimstätte und einen Namen› gibt, die sich danach sehnen, ‹das unechte Bild dieser neuen Welt› einzutauschen gegen die alte Welt, bevölkert von Weisen mit Fleisch und Blut und nur in der menschlichen Vorstellung geschaffenen Helden. Ich habe mir das oft vor Augen geführt, wenn ich die langen stillen Nachtstunden damit zubrachte, die vielen Lichter der entfernten Gondeln zu beobachten und auf den Ruf der Gondoliere zu horchen, wenn sie unter meinem Fenster vorbeiglitten. Wie still ist Venedig! Keine Pferde; nichts von dem grässlichen Getöse und Lärm einer Stadt. Ich gebe zu, dass in den Gassen – aber warum über etwas reden, was zu jeder Stadt gehört; schmutzige Gässchen, zudringliche Marktfrauen und das Kennzeichen einer Seestadt, der ungute

city, the luckless smell of fish? Why select defects, and cast from your account the peculiar excellencies of this wonderful city? The buildings rising from the waves; the silence of the watery pavement; the mysterious beauty of the black gondolas; and, not to be omitted, the dark eyes and finely-shaped brows of the women peeping from beneath their fazioles. – You were three months in Italy?"

"Six, if you please, Malville."

"Well, six, twelve, twenty, are not sufficient to learn to appreciate Italy. We go with false notions of God knows what – of orange groves and fields of asphodel; we expect what we do not find, and are therefore disappointed with the reality; and yet to my mind the reality is not inferior to any scene of enchantment that the imagination ever conjured."

"Or rather say, my friend, that the imagination can paint objects of little worth in gaudy colours, and then become enamoured of its own work."

"Shall I tell you," continued Malville, with a smile, "how you passed your time in Italy? You traversed the country in your travelling chariot, cursing the postillions and the bad inns. You arrived at a town and went to the best hotel, at which you found many of your countrymen, mere acquaintances in England, but hailed as bosom friends in that strange land. You walked about the streets of a morning expecting to find gorgeous temples and Cyclopean ruins in every street in Florence; you came to some broken pillar, wondered what it could be, and laughed at the idea of this being one of the relics which your wise countrymen came so far to see; you lounged into a coffee-house and read Galignani; and then perhaps wandered with equal apathy into the gallery, where, if you were not transported

Fischgeruch? Warum das Unvollkommene herauspicken und
Ihnen zuliebe die besonderen Vorzüge dieser wunderbaren
Stadt verwerfen? Die Gebäude, die aus den Wellen auftauchen, die Stille der Wasserwege, die geheimnisvolle Schönheit
der schwarzen Gondeln; und nicht zu übersehen die schwarzen Augen und schön geschwungenen Brauen der Damen, die
unter ihren Spitzentüchlein hervorlugen. – Sie waren drei
Monate in Italien?»

«Sechs, bitte, Malville.»

«Nun, sechs, zwölf, zwanzig sind nicht genug, um Italien
schätzen zu lernen. Wir reisen mit falschen – weiß Gott welchen Vorstellungen von Orangengärten und Narzissenfeldern;
wir erwarten, was wir dann nicht finden, und sind darum
von der Wirklichkeit enttäuscht; und doch ist meiner Ansicht
nach die Wirklichkeit nicht dem Zauber unterlegen, den die
Fantasie immer wieder beschwört.»

«Oder sagen Sie lieber, mein Freund, dass die Fantasie
Dinge von geringem Wert in bunten Farben malen kann und
dann in ihr eigenes Werk verliebt ist.»

«Soll ich Ihnen erzählen», fuhr Malville mit einem Lächeln
fort, «wie Sie Ihre Zeit in Italien verbracht haben? Sie haben
das Land in Ihrem Reisewagen durchquert und dabei die
Postillione und die schlechten Wirtshäuser verflucht. Sie sind
in einer Stadt angekommen und im besten Hotel abgestiegen,
wo Sie viele Landsleute angetroffen haben; bloße Bekannte
in England haben Sie hier in der Fremde wie Busenfreunde
begrüßt. Sie sind bei einer Morgenerkundung durch die
Straßen spaziert und haben in jedem Gässchen von Florenz
prächtige Tempel und Überreste von Zyklopenmauern erwartet. Sie sind zu einem Säulenstumpf gekommen und haben
sich gefragt, was das sein könnte, und haben bei der Vorstellung gelacht, dass es eines der Überbleibsel ist, die zu sehen
Ihre klugen Landsleute von so weit gekommen sind. Sie haben sich in einem Café ausgeruht und Galignani gelesen; Sie
sind dann vielleicht ebenso gelangweilt in die Galerie gegan-

to the seventh heaven, I can undertake your defence no further."

"My defence, Malville?"

"You dined; you went to a conversazione, where you were neither understood nor could understand; you went to the opera to hear probably the fifty-second repetition of a piece to which nobody listened; or you found yourself in Paradise at the drawing-room of the English ambassador, and fancied yourself in Grosvenor-square.

"I am a lover of nature. Towns, and the details of mixed society, are modes of life alien to my nature. I live to myself and to my affections, and nothing to that tedious routine which makes up the daily round of most men's lives. I went to Italy young, and visited with ardent curiosity and delight all of great and glorious which that country contains. I have already mentioned the charms which Venice has for me; and all Lombardy, whose aspect indeed is very different from that of the south of Italy, is beautiful in its kind. Among the lakes of the north we meet with alpine scenery mixed with the more luxuriant vegetation of the south. The Euganean hills in gentler beauty remind one of the hills of our own country, yet painted with warmer colours. (...)

"On the 15th of September, 18-, I remember being one of a party of pleasure from the baths of Pisa to Vico Pisano, a little town formerly a frontier fortress between the Pisan and Florentine territories. The air inspired joy, and the pleasure I felt I saw reflected in the countenance of my beloved companions. Our course lay beneath hills hardly high enough for the name of mountains, but picturesquely shaped and covered with various wood. The cicale chirped, and the air was impregnated with the perfume of flow-

gen; wenn Sie dort nicht in den siebten Himmel gekommen sind, kann ich nichts mehr für Ihre Verteidigung tun.»

«Meine Verteidigung, Malville?»

«Sie haben gespeist, Sie waren bei einer Gesellgkeit, bei der Sie weder verstanden wurden noch selber verstehen konnten, Sie sind in die Oper gegangen, um die wahrscheinlich zweiundfünfzigste Wiederholung eines Stückes zu hören, bei dem niemand zuhört; oder Sie haben sich im Salon des Englischen Botschafters wie im Paradies gefühlt und sich eingebildet, auf dem Grosvenor-Square zu sein.

Ich liebe die Natur. Städte und der Kleinkram einer gemischten Gesellschaft sind Seiten des Lebens, die meinem Wesen fremd sind. Ich gestalte mein Leben selbst, nach meinen Neigungen und nicht nach der langweiligen Routine, die das tägliche Einerlei des Lebens der meisten Menschen ausmacht. Ich ging in jungen Jahren nach Italien und besichtigte mit leidenschaftlicher Neugier und Vergnügen all das Großartige und Ruhmreiche, was dieses Land besitzt. Ich habe schon erwähnt, welchen Zauber Venedig auf mich ausübt; die ganze Lombardei, die völlig anders aussieht als der Süden Italiens, ist in ihrer Art schön. An den Seen des Nordens treffen wir auf eine Alpenlandschaft, die mit der üppigeren Vegetation des Südens vermischt ist. Die Euganeischen Hügel erinnern in ihrer sanfteren Schönheit an die Hügel unseres Landes, nur mit wärmeren Farben gemalt. (...)

Ich erinnere mich an eine Vergnügungstour am 15. September 18... von den Thermen in Pisa nach Vico Pisano, einer kleinen Stadt und ehemaligen Grenzfestung zwischen den Gebieten von Pisa und Florenz. Fröhlichkeit lag in der Luft, und die Freude, die ich spürte, spiegelte sich in den Gesichtern meiner lieben Gefährten wider. Unser Weg verlief zwischen Hügeln, die kaum hoch genug waren, dass man sie als Berge bezeichnen konnte, aber sie waren malerisch gestaltet und abwechslungsreich bewaldet. Die Zikade zirpte, und die Luft war mit Blumenduft getränkt. Wir über-

ers. We passed the Rupe de Noce, and proceeding still at the foot of hills arrived at Vico Pisano, which is built at the extreme point of the range. The houses are old and surmounted with ancient towers; and at one end of the town there is a range of old wall, weed-grown; but never did eye behold hues more rich and strange than those with which time and the seasons have painted this relic. The lines of the cornice swept downwards, and made a shadow that served even to diversify more the colours we beheld. We returned along the same road; and not far from Vico Pisano ascended a gentle hill, at the top of which was a church dedicated to Madonna, with a grassy platform of earth before it. Here we spread and ate our rustic fare, and were waited upon by the peasant girls of the cottage attached to the church, one of whom was of extreme beauty, a beauty heightened by the grace of her motions and the simplicity of her manner. After our pic-nic we reposed under the shade of the church, on the brow of the hill. We gazed on the scene with rapture. 'Look,' cried my best, and now lost friend, 'behold the mountains that sweep into the plain like waves, that meet in a chasm; the olive woods are as green as a sea, and are waving in the wind; the shadows of the clouds are spotting the bosoms of the hills; a heron comes sailing over us; a butterfly flits near; at intervals the pines give forth their sweet and prolonged response to the wind, the myrtle bushes are in bud, and the soil beneath us is carpeted with odoriferous flowers.' – My full heart could only sigh, he alone was eloquent enough to clothe his thoughts in language."

Malville's eyes glistened as he spoke, he sighed deeply; then turning away, he walked towards the avenue that led from the grounds on which we

querten den Rupe de Noce und erreichten, nachdem wir am Fuße der Hügel weitergewandert waren, Vico Pisano, das an den äußersten Punkt der Bergkette gebaut ist. Die Häuser sind alt und werden von uralten Türmen überragt; an einem Ende der Stadt ist ein altes unkrautbewachsenes Gemäuer; nie sah ein Auge prächtigere und eigenartigere Farben als die, mit denen Zeit und Witterung diese Überreste versehen hatten. Die abfallenden Gesimslinien machten einen Schatten, der die Farben besser unterscheiden ließ. Wir kehrten auf demselben Weg zurück und stiegen nicht weit von Vico Pisano entfernt auf einen sanften Hügel, auf dessen Kuppe eine der Madonna geweihte Kirche stand, mit einem Grasplatz davor. Hier lagerten wir uns und verzehrten einen ländlichen Imbiss, bei dem uns Bauernmädchen aus einer Hütte neben der Kirche bewirteten; eine von ihnen war außerordentlich schön, und die Schönheit wurde durch die Anmut ihrer Bewegungen und ihr natürliches Benehmen gesteigert. Nach unserem Picknick ruhten wir im Schatten der Kirche an der Hügelkante aus und betrachteten die hinreißende Landschaft. ‹Schau›, rief mein bester, jetzt verlorener Freund, ‹sieh, wie sich die Berge in die Ebene erstrecken gleich Wellen, die sich in einer Kluft sammeln; die Olivenhaine sind grün wie ein Meer und wiegen sich im Wind; die Schatten der Wolken sprenkeln die Wölbungen der Hügel; ein Reiher segelt über uns dahin; ein Schmetterling gaukelt nah vorbei; von Zeit zu Zeit geben die Pinien dem Wind ihr freundliches, ihr anhaltendes Echo; die Myrtensträucher sind voller Knospen, und der Boden unter uns ist ein duftender Blumenteppich.› – Ich konnte nur aus vollem Herzen seufzen, er allein war beredt genug, seine Gedanken in Worte zu kleiden.»

Malvilles Augen glänzten, als er sprach, er seufzte tief; dann wandte er sich ab und ging zur Allee, die von dem Platz, an dem wir waren, wegführte. Ich folgte ihm, aber

were. I followed him, but we neither of us spoke; and when at length he renewed the conversation, he did not mention Italy; he seemed to wish to turn the current of his thoughts, and by degrees he reassumed his composure.

When I took leave of him I said, smiling, "You have celebrated an Italian party of pleasure; may I propose an English one to you? Will you join some friends next Thursday in an excursion down the Thames? Perhaps the sight of its beautiful banks, and the stream itself, will inspire you with some of the delight you have felt in happier climes."

Malville consented. But dare I tell the issue of my invitation? Thursday came, and the sky was covered with clouds; it looked like rain. However, we courageously embarked, and within an hour a gentle mizzling commenced. We made an awning of sails, and wrapt ourselves up in boatcloaks and shawls. "It is not much," cried one, with a sigh. "I do not think it will last," remarked another, in a despairing voice. A silence ensued. "Can you contrive to shelter me at this corner?" said one; "my shoulder is getting wet." In about five minutes another observed, that the water was trickling in his neck. Yet we went on. The rain ceased for a few minutes, and we tethered our boat in a small cove under dripping trees; we ate our collation, and raised our spirits with wine, so that we were able to endure with tolerable fortitude the heavy rain that accompanied us as we slowly proceeded homewards up the river.

keiner von uns sagte etwas; als er schließlich das Gespräch wieder aufnahm, erwähnte er Italien nicht; es schien, als wolle er seinen Gedanken eine andere Richtung geben, und allmählich gewann er seine Fassung wieder.

Als ich mich von ihm verabschiedete, sagte ich lächelnd: «Sie haben mir eine Vergnügungsreise durch Italien vorgeführt; darf ich Ihnen eine in England vorschlagen? Möchten Sie zusammen mit ein paar Freunden nächsten Donnerstag einen Ausflug Themse-abwärts machen? Vielleicht bringt Ihnen der Anblick des schönen Ufers und der Fluss selbst etwas von der Freude, die Sie in jenen begünstigten Zonen gespürt haben.»

Malville sagte zu. Aber soll ich erzählen, was aus meiner Einladung geworden ist? Der Donnerstag kam, und der Himmel war wolkenverhangen; es sah nach Regen aus. Unverdrossen stiegen wir ins Boot; nach einer Stunde setzte leiser Nieselregen ein. Wir spannten eine Plane aus Segeln und wickelten uns in Bootsmäntel und Schals. «Es macht nicht viel», rief einer mit einem Seufzer. «Ich glaube nicht, dass es dauern wird», meinte ein anderer mit mutloser Stimme. Stille trat ein. «Schaffst du es, mich auf dieser Seite zu schützen?» sagte einer. «Meine Schulter wird nass.» Ungefähr fünf Minuten später bemerkte ein anderer, dass der Regen in seinen Nacken tropfte. Aber wir fuhren weiter. Der Regen hörte für ein paar Minuten auf, und wir machten unser Boot in einer kleinen Bucht unter triefenden Bäumen fest; wir aßen unseren Imbiss und weckten unsere Lebensgeister mit Wein, so dass wir den starken Regen, der uns auf unserer langsamen Heimfahrt flussaufwärts begleitete, einigermaßen tapfer ertragen konnten.

Charles Dickens
Ascending Mount Vesuvius

At four o'clock in the afternoon, there is a terrible uproar in the little stable-yard of Signor Salvatore, the recognised head-guide, with the gold band round his cap; and thirty under-guides who are all scuffling and screaming at once, are preparing half-a-dozen saddled ponies, three litters, and some stout staves, for the journey. Every one of the thirty, quarrels with the other twenty-nine, and frightens the six ponies; and as much of the village as can possibly squeezes itself into the little stable-yard, participates in the tumult, and gets trodden on by the cattle.

After much violent skirmishing, and more noise than would suffice for the storming of Naples, the procession starts. The head-guide, who is liberally paid for all the attendants, rides a little in advance of the party; the other thirty guides proceed on foot. Eight go forward with the litters that are to be used by-and-by; and the remaining two-and-twenty beg.

We ascend, gradually, by stony lanes like rough broad flights of stairs, for some time. At length, we leave these, and the vineyards on either side of them, and emerge upon a bleak bare region where the lava lies confusedly, in enormous rusty masses: as if the earth had been ploughed up by burning thunderbolts. And now, we halt to see the sun set. The change that falls upon the dreary region, and on the whole mountain, as its red light fades, and the night comes on – and the unutterable solemnity and dreariness that reign around, who that has witnessed it, can ever forget!

Charles Dickens
Besteigung des Vesuv

Gegen vier Uhr nachmittags ist ein schrecklicher Aufruhr in der kleinen Stallung von Signore Salvatore, dem offiziellen Bergführer mit Goldband an der Mütze. Dreißig Hilfsbergführer, die alle gleichzeitig herumhantieren und schreien, richten ein halbes Dutzend gesattelte Ponys, drei Sänften und einige kräftige Stöcke für den Aufstieg her. Von den dreißig schimpft jeder mit den neunundzwanzig übrigen und erschreckt die sechs Ponys; so viele Dorfbewohner, wie nur können, versuchen sich irgendwie in die enge Stallung zu zwängen, beteiligen sich am Tumult und werden von den Tieren getreten.

Nach heftigem Gerangel und mehr Lärm, als für die Erstürmung Neapels genügt hätte, zieht die Prozession los. Der Bergführer, der zugleich für alle Begleiter großzügig entlohnt worden ist, reitet der Gruppe etwas voraus; die anderen dreißig Führer folgen zu Fuß. Acht gehen mit den Sänften voraus, die wohl bald gebraucht werden, und die verbliebenen zweiundzwanzig betteln.

Eine Zeit lang steigen wir über steinige Wege wie auf unregelmäßigen breiten Treppen allmählich höher. Schließlich lassen wir sie und die Weingärten zu beiden Seiten hinter uns und erreichen eine wüste, kahle Gegend, wo die Lava in großen rostroten Haufen herumliegt – wie wenn die Erde von brennenden Blitzen aufgepflügt worden wäre. Und nun halten wir an, um den Sonnenuntergang zu betrachten. Wie sich die öde Gegend und der ganze Berg verändern, wenn das rote Licht verblasst und die Nacht heraufzieht und rundum unaussprechliche Feierlichkeit und Ödnis herrscht! Wer, der davon Zeuge war, kann das je vergessen?

It is dark, when after winding, for some time, over the broken ground, we arrive at the foot of the cone: which is extremely steep, and seems to rise, almost perpendicularly, from the spot where we dismount. The only light is reflected from the snow, deep, hard, and white, with which the cone is covered. It is now intensely cold, and the air is piercing. The thirty-one have brought no torches, knowing that the moon will rise before we reach the top. Two of the litters are devoted to the two ladies; the third, to a rather heavy gentleman from Naples, whose hospitality and good-nature have attached him to the expedition, and determined him to assist in doing the honours of the mountain. The rather heavy gentleman is carried by fifteen men; each of the ladies by half-a-dozen. We who walk, make the best use of our staves; and so the whole party begin to labour upward over the snow, – as if they were toiling to the summit of an antediluvian Twelfth-cake.

We are a long time toiling up; and the head-guide looks oddly about him when one of the company – not an Italian, though an habitué of the mountain for many years: whom we will call, for our present purpose, Mr. Pickle of Portici – suggests that, as it is freezing hard, and the usual footing of ashes is covered by the snow and ice, it will surely be difficult to descend. But the sight of the litters above, tilting up and down, and jerking from this side to that, as the bearers continually slip and tumble, diverts our attention; more especially as the whole length of the rather heavy gentleman is, at that moment, presented to us alarmingly foreshortened, with his head downwards.

The rising of the moon soon afterwards, revives the flagging spirits of the bearers. Stimulating each

Als wir nach etlichen Serpentinen am Fuße des Vulkankegels auf geborstener Erde ankommen, ist es dunkel: Der Kegel ist außerordentlich steil und scheint vor unserem Ausgangspunkt fast senkrecht aufzuragen. Die einzige Helligkeit ist der Widerschein von dem hohen, harten, weißen Schnee, mit dem der Kegel bedeckt ist. Es ist jetzt sehr kalt, die Luft hat etwas Schneidendes. Die einunddreißig haben keine Fackeln mitgebracht, weil sie wissen, dass der Mond aufgehen wird, bevor wir den Gipfel erreichen. Zwei Sänften sind den beiden Damen vorbehalten; die dritte einem ziemlich schweren Herrn aus Neapel. Seine Gastfreundschaft und Gutmütigkeit haben ihn der Expedition zugesellt und ihn dazu bewogen, teilzunehmen, wenn dem Berg die Aufwartung gemacht wird. Der ziemlich schwere Herr wird von fünfzehn Männern getragen, jede Dame von einem halben Dutzend. Wir, die zu Fuß gehen, benutzen so gut es geht unsere Stöcke. So beginnt die ganze Gesellschaft, sich über den Schnee aufwärts zu mühen – als ob sie sich auf den Gipfel eines vorsintflutlichen Dreikönigskuchens plagen müsste.

Wir mühen uns lange; unser Führer schaut verächtlich auf einen aus unserer Gruppe, als dieser – kein Italiener, aber seit vielen Jahren bergerfahren: wir wollen ihn im gegenwärtigen Zusammenhang Mr. Pickle von Portici nennen – darauf hinweist, dass der Abstieg sicher schwierig werden wird, weil es stark friert und der aschene Trampelpfad mit Schnee und Eis bedeckt ist. Aber der Anblick der Sänften über uns, die auf- und abtauchen und von einer Seite auf die andere schwanken, weil die Träger immer ausrutschen und stolpern, lenkt unsere Aufmerksamkeit ab; ganz besonders, weil in diesem Augenblick der ziemlich schwere Herr beunruhigend verkürzt mit dem Kopf nach unten zu sehen ist.

Der aufgehende Mond belebt wenig später die gedämpfte Stimmung der Träger. Mit ihrem üblichen Losungswort

other with their usual watchword, "Courage, friend! It is to eat maccaroni!" they press on, gallantly, for the summit.

From tingeing the top of the snow above us, with a band of light, and pouring it in a stream through the valley below, while we have been ascending in the dark, the moon soon lights the whole white mountain-side, and the broad sea down below, and tiny Naples in the distance, and every village in the country round. The whole prospect is in this lovely state, when we come upon the platform on the mountain-top – the region of Fire – an exhausted crater formed of great masses of gigantic cinders, like blocks of stone from some tremendous waterfall, burnt up; from every chink and crevice of which, hot, sulphurous smoke is pouring out: while, from another conical-shaped hill, the present crater, rising abruptly from this platform at the end, great sheets of fire are streaming forth: reddening the night with flame, blackening it with smoke, and spotting it with red-hot stones and cinders, that fly up into the air like feathers, and fall down like lead. What words can paint the gloom and grandeur of this scene!

The broken ground; the smoke; the sense of suffocation from the sulphur; the fear of falling down through the crevices in the yawning ground; the stopping, every now and then, for somebody who is missing in the dark (for the dense smoke now obscures the moon); the intolerable noise of the thirty and the hoarse roaring of the mountain make it a scene of such confusion, at the same time, that we reel again. But, dragging the ladies through it, and across another exhausted crater to the foot of the present Volcano, we approach close to it on the windy side, and then sit down among the hot ashes at its foot,

«Mut, Freunde, bald gibts Makkaroni!» stacheln sie sich gegenseitig an und streben tapfer weiter dem Gipfel entgegen.

Beginnend mit einem Lichtstreifen, der erst den Schnee über uns färbte und sich dann in einem Strom in das Tal unter uns ergoss, während wir im Dunkeln aufstiegen, erleuchtet jetzt der Mond die ganze weiße Bergflanke, das weite Meer unter uns, das winzige Neapel in der Ferne und jedes Dorf rings umher. Der ganze Anblick bleibt so reizvoll, bis wir auf das Gipfel-Plateau kommen, in die Feuerregion; das ist ein erloschener Krater, aus großen Mengen riesiger Aschenberge gebildet, wie Steinblöcke aus einem kolossalen Wasserfall, ausgeglüht; aus jeder Ritze und Spalte bläst heißer Schwefeldampf, während aus dem anderen kegelförmigen Hügel, dem gegenwärtig tätigen Krater, der sich unvermittelt am Ende des Plateaus erhebt, großartige Feuerbündel lodern; sie färben die Nacht rot mit ihrem Flammenschein und schwärzen sie mit Rauch und sprenkeln den Nachthimmel mit rotglühenden Steinen und Asche, die wie Federn hoch in die Luft wirbeln und wie Blei herabfallen. Welche Worte können die Düsternis und Großartigkeit dieses Schauspiels ausmalen!

Die geborstene Erde; der Rauch; das Gefühl, am Schwefeldampf zu ersticken; die Angst, durch die Spalten in den gähnenden Abgrund zu stürzen; das gelegentliche Anhalten, weil irgendwer im Dunkeln vermisst wird (denn der schwarze Rauch verbirgt jetzt den Mond); der unerträgliche Lärm der dreißig; das heisere Grollen des Berges; das alles zugleich verursacht eine solche Verwirrung, dass wir wieder schwindlig werden. Aber nachdem die Damen hindurchgetragen sind, kommen wir jenseits eines anderen erloschenen Kraters am Fuß des gegenwärtig tätigen Vulkans sehr nahe an die dem Wind zugewandte Seite. Dann setzen wir uns mitten in die heiße Asche zu seinen Füßen und blicken schweigend hinauf;

and look up in silence; faintly estimating the action that is going on within, from its being full a hundred feet higher, at this minute, than it was six weeks ago.

There is something in the fire and roar, that generates an irresistible desire to get nearer to it. We cannot rest long, without starting off, two of us, on our hands and knees, accompanied by the head-guide, to climb to the brim of the flaming crater, and try to look in. Meanwhile, the thirty yell, as with one voice, that it is a dangerous proceeding, and call to us to come back; frightening the rest of the party out of their wits.

What with their noise, and what with the trembling of the thin crust of ground, that seems about to open underneath our feet and plunge us in the burning gulf below (which is the real danger, if there be any); and what with the flashing of the fire in our faces, and the shower of red-hot ashes that is raining down, and the choking smoke and sulphur; we may well feel giddy and irrational, like drunken men. But, we contrive to climb up to the brim, and look down, for a moment, into the Hell of boiling fire below. Then, we all three come rolling down; blackened, and singed, and scorched, and hot, and giddy: and each with his dress alight in half-a-dozen places.

You have read, a thousand times, that the usual way of descending, is, by sliding down the ashes: which, forming a gradually-increasing ledge below the feet, prevent too rapid a descent. But, when we have crossed the two exhausted craters on our way back, and are come to this precipitous place, there is (as Mr. Pickle has foretold) no vestige of ashes to be seen; the whole being a smooth sheet of ice.

In this dilemma, ten or a dozen of the guides

es lässt sich nur vage abschätzen, was in seinem Innern vor sich geht, weil er heute dreißig Meter höher aufgefüllt ist als vor sechs Wochen.

Irgend etwas an diesem Feuer und Getöse weckt ein unwiderstehliches Verlangen, näher heran zu gehen. Wir können nicht lange ruhen: Zwei von uns beginnen, auf Händen und Knien, begleitet vom Bergführer, zum lodernden Kraterrand zu kriechen und versuchen hinein zu schauen. Inzwischen schreien die dreißig wie aus einem Mund, dass es gefährlich ist, sich weiter vor zu wagen; sie rufen, wir sollen zurückkommen, weil sie fürchten, dass der Rest der Gruppe in Panik gerät.

Teilweise wegen ihres Lärms, teils durch das Beben der dünnen Bodenkruste, die sich unter unseren Füßen zu öffnen scheint, um uns in den brennenden Schlund stürzen zu lassen (das ist die einzige vielleicht reale Gefahr), teils auch durch das Flackern des Feuerscheins in unseren Gesichtern, durch den rotglühenden Aschenregen und den beißenden Rauch und Schwefeldampf – wir fühlen uns schwindelig und benommen wie Betrunkene. Aber wir bringen es fertig, bis zum Rand zu klettern und einen Augenblick hinunter in die Hölle des brodelnden Feuers zu blicken. Dann kommen wir alle drei heruntergerollt, geschwärzt und angesengt, erhitzt und benommen: Bei jedem hat an einem halben Dutzend Stellen die Kleidung Feuer gefangen.

Man hat tausendmal gelesen, dass man üblicherweise absteigt, indem man über die Asche rutscht: Dadurch, dass sich unter den Füßen eine allmählich größer werdende Masse zusammenschiebt, wird ein zu schnelles Abgleiten vermieden. Aber nachdem wir auf dem Rückweg die zwei erloschenen Krater hinter uns gelassen haben und zu dem steilen Stück gekommen sind, ist (wie Mr. Pickle von Portici vorausgesagt hat) keine Spur von Asche zu sehen; alles was da ist, ist eine glatte Eisplatte.

In dieser Not fassen sich zehn oder zwölf der Führer vor-

cautiously join hands, and make a chain of men; of whom the foremost beat, as well as they can, a rough track with their sticks, down which we prepare to follow. The way being fearfully steep, and none of the party even of the thirty being able to keep their feet for six paces together, the ladies are taken out of their litters, and placed, each between two careful persons; while others of the thirty hold by their skirts, to prevent their falling forward – a necessary precaution, tending to the immediate and hopeless dilapidation of their apparel. The rather heavy gentleman is adjured to leave his litter too, and be escorted in a similar manner; but he resolves to be brought down as he was brought up, on the principle that his fifteen bearers are not likely to tumble all at once, and that he is safer so, than trusting to his own legs.

In this order, we begin the descent: sometimes on foot, sometimes shuffling on the ice: always proceeding much more quietly and slowly, than on our upward way: and constantly alarmed by the falling among us of somebody from behind, who endangers the footing of the whole party, and clings pertinaciously to anybody's ankles. It is impossible for the litter to be in advance, too, as the track has to be made; and its appearance behind us, overhead – with some one or other of the bearers always down, and the rather heavy gentleman with his legs always in the air – is very threatening and frightful.

We have gone on thus, a very little way, painfully and anxiously, but quite merrily, and regarding it as a great success – and have all fallen several times, and have all been stopped, somehow or other, as we were sliding away – when Mr. Pickle of Portici, in the act of remarking on these uncommon circum-

sichtig an den Händen und bilden eine Menschenkette. Die Vordersten schlagen, so gut sie können, mit ihren Stöcken eine griffige Spur, auf der wir uns zu folgen bemühen. Der Weg ist schrecklich steil und keiner aus der Gruppe, auch keiner von den dreißig, kann sich länger als sechs Schritte auf den Füßen halten; die Damen sind aus ihren Sänften geholt und zwischen zwei Personen genommen worden, die sich um sie kümmern; andere von den dreißig halten sie an den Röcken fest, um zu verhindern, dass sie nach vorn fallen – eine notwendige Vorkehrung, die aber dazu führen kann, dass ihre Kleidung gleich rettungslos zerreißt. Der ziemlich schwere Herr wird beschworen, ebenfalls aus seiner Sänfte zu steigen, um auf ähnliche Weise hinabgeleitet zu werden; aber er ist entschlossen, sich genauso hinunterbringen zu lassen wie hinauf, und zwar aus der Überlegung, dass seine fünfzehn Träger wahrscheinlich nicht alle auf einmal stürzen werden und er auf diese Weise sicherer ist, als wenn er sich auf seine eigenen Füße verlassen müsste.

In dieser Anordnung steigen wir ab; manchmal halten wir uns auf den Beinen, manchmal rutschen wir auf dem Eis; insgesamt kommen wir viel schleppender, langsamer vorwärts als beim Aufstieg; ständig dadurch erschreckt, dass einer von hinten zwischen uns stürzt, der die ganze Gruppe aus dem Gleichgewicht bringt und sich bei jemandem an den Fußgelenken festklammert. Die Sänfte kann keinesfalls vorne sein, schon deshalb nicht, weil gespurt werden muss; ihr Anblick hinter und oberhalb von uns ist sehr bedrohlich und angsteinflößend, weil immer der eine oder andere Träger zu Boden geht und der ziemlich schwere Herr seine Beine immer in die Luft reckt.

Wir sind auf diese Weise erst ein ganz kurzes Stück vorwärts gekommen, mühsam und vorsichtig, aber doch recht zuversichtlich und mit dem Gefühl, große Fortschritte zu machen – wobei wir alle mehrere Male gestürzt sind und im Wegrutschen immer wieder Halt fanden. Da stolpert

stances as quite beyond his experience, stumbles, falls, disengages himself, with quick presence of mind, from those about him, plunges away head foremost, and rolls, over and over, down the whole surface of the cone!

Sickening as it is to look, and be so powerless to help him, I see him there, in the moonlight – I have had such a dream often – skimming over the white ice, like a cannon-ball. Almost at the same moment, there is a cry from behind; and a man who has carried a light basket of spare cloaks on his head, comes rolling past, at the same frightful speed, closely followed by a boy. At this climax of the chapter of accidents, the remaining eight-and-twenty vociferate to that degree, that a pack of wolves would be music to them!

Giddy, and bloody, and a mere bundle of rags, is Pickle of Portici when we reach the place where we dismounted, and where the horses are waiting; but, thank God, sound in limb! And never are we likely to be more glad to see a man alive and on his feet, than to see him now – making light of it too, though sorely bruised and in great pain. The boy is brought into the Hermitage on the Mountain, while we are at supper, with his head tied up; and the man is heard of, some hours afterwards. He too is bruised and stunned, but has broken no bones; the snow having, fortunately, covered all the larger blocks of rock and stone, and rendered them harmless.

After a cheerful meal, and a good rest before a blazing fire, we again take horse, and continue our descent to Salvatore's house – very slowly, by reason of our bruised friend being hardly able to keep the saddle, or endure the pain of motion. Though it is so late at night, or early in the morning, all the people

Mr. Pickle von Portici, der soeben bemerkt, dass diese ungewöhnlichen Umstände seine Berg-Erfahrungen weit übersteigen; er fällt, löst sich geistesgegenwärtig von denen um ihn herum, stürzt kopfüber und rollt, sich überschlagend, den ganzen Kegel hinunter.

Es ist schlimm, das anzuschauen und nicht helfen zu können. Ich sehe ihn vor mir – und ich träume oft davon –, wie er im Mondlicht wie eine Kanonenkugel über das weiße Eis saust. Fast im gleichen Augenblick gellt von hinten ein Schrei; ein Mann, der auf seinem Kopf einen leichten Korb mit Ersatzkleidung getragen hat, kugelt mit derselben fürchterlichen Geschwindigkeit vorbei; ganz dicht folgt ihm ein Junge. Auf diesem Höhepunkt des Unfallgeschehens brüllen die verbliebenen achtundzwanzig dermaßen, dass Wolfsgeheul dagegen Musik ist.

Benommen, blutbeschmiert, nur noch ein Häuflein Elend, das ist Pickle von Portici als wir zu der Stelle kommen, wo wir die Pferde verlassen hatten, die jetzt hier auf uns warten; aber Gott sei Dank, seine Glieder sind heil! Wahrscheinlich werden wir nie glücklicher sein, einen Mann lebend und auf den Beinen zu sehen, als in diesem Augenblick. Er selbst nimmt es leicht, obwohl er arg zerschunden ist und große Schmerzen hat. Der Junge wird mit verbundenem Kopf in die Einsiedelei am Berg gebracht, während wir beim Abendessen sind; von dem Mann hört man ein paar Stunden später, dass er auch zerschunden ist und einen Schock, aber keine Knochenbrüche hat; der Schnee hat glücklicherweise alle größeren Fels- und Steinbrocken bedeckt und ungefährlich gemacht.

Nach einer fröhlichen Mahlzeit und einer angenehmen Ruhepause vor dem flackernden Kaminfeuer besteigen wir wieder die Pferde und setzen unseren Abstieg zu Salvatores Haus fort – sehr langsam, mit Rücksicht auf unseren verletzten Freund, der sich schlecht im Sattel halten und die Schmerzen bei dieser Bewegung kaum ertragen kann. Ob-

of the village are waiting about the little stable-yard when we arrive, and looking up the road by which we are expected. Our appearance is hailed with a great clamour of tongues, and a general sensation for which in our modesty we are somewhat at a loss to account, until, turning into the yard, we find that one of a party of French gentlemen who were on the mountain at the same time is lying on some straw in the stable, with a broken limb: looking like Death, and suffering great torture; and that we were confidently supposed to have encountered some worse accident.

So "well returned, and Heaven be praised!" as the cheerful Vetturino, who has borne us company all the way from Pisa, says, with all his heart! And away with his ready horses, into sleeping Naples!

It wakes again to Policinelli and pickpockets, buffo singers and beggars, rags, puppets, flowers, brightness, dirt, and universal degradation; airing its Harlequin suit in the sunshine, next day and every day; singing, starving, dancing, gaming, on the sea-shore; and leaving all labour to the burning mountain, which is ever at its work.

wohl es so spät in der Nacht oder so früh am Morgen ist, warten alle Dorfbewohner beim kleinen Reiterhof auf unsere Ankunft und halten an dem Weg, den wir kommen sollen nach uns Ausschau. Unser Erscheinen wird mit vielstimmigem Geschrei und einem Jubel der Begeisterung begrüßt, was wir uns in unserer Bescheidenheit nicht erklären können, bis wir in den Hof kommen und sehen, dass einer aus der Gruppe französischer Herren, die zur selben Zeit auf dem Berg war, mit einem Beinbruch im Stall auf Stroh liegt; er sieht aus wie der Tod und leidet große Qualen; man hatte als sicher angenommen, dass wir einen noch schlimmeren Unfall gehabt hätten.

Deshalb sagt der fröhliche Vetturino, der uns seit Pisa den ganzen Weg begleitet aus ganzem Herzen: «Gut zurück, dem Himmel sei Dank!» Und fort geht es mit seinen gesattelten Pferden ins schlafende Neapel.

Es erwacht wieder mit Spaßmachern und Taschendieben, Buffosängern und Bettlern, Possen, Marionetten, Blumen, Glanz, Schmutz und allgemeinem Elend; es führt sein Clowns-Kostüm im Sonnenschein spazieren, morgen und jeden Tag; es singt, hungert, tanzt und spielt entlang dem Meeresstrand und überlässt jede Anstrengung dem feuerspeienden Berg, der unermüdlich tätig ist.

Emily Birchall
Rome, Wedding Tour

Saturday, 22 February – On this morning, Dearman being fired with an ardent desire to cross the Tiber in a ferry, and then to walk through the fields of Quintus Cincinnatus, we resolved to carry this romantic sounding plan into execution. We found our way, down the Via Ripetta, to the ferry, and beheld there an enormous boat, as big as a house, and really nearly filling up the whole of the river, so that our voyage was by no means a hazardous one, in fact so slowly did the monster pass over the few yards that separated its prow from the further shore, that I was not aware we were moving at all, till I perceived that our few fellow passengers were landing. And then came the question of payment, and we offered the man five francs, but he had no change, so would not accept it, and we promised to come back the same way, and pay him then, which *I* faithfully intended to do though I afterwards found that Dearman had never seriously purposed it in his heart! The end of it is that we came back quite another way, and the debt is still unpaid, and lies a heavy burden on my conscience. True, it is but *due soldi* for the two, but "the principle of the thing" is the same.

I was rather at a loss to understand Dearman's intense enthusiasm for Cincinnatus for he quite raved about that worthy, and during the whole of our walk went into ecstasies at every step, rehearsing to me every instant the story of the old gentleman digging his turnips, and – but I need not repeat it again, *I* may spare *myself*, at any rate, though really, the

Emily Birchall
Auf der Hochzeitsreise in Rom

Rom, Samstag 22. Februar 1873 – Dearman war an diesem Morgen von dem glühenden Wunsch besessen, den Tiber mit einer Fähre zu überqueren und dann durch die Felder des Quintus Cincinnatus zu streifen, und wir beschlossen, den romantisch anmutenden Plan in die Tat umzusetzen. Wir fanden die Via Ripetta hinunter den Weg zur Fähre und erblickten dort ein riesiges Boot, so groß wie ein Haus, das beinahe den ganzen Fluss ausfüllte, so dass unsere Überfahrt keineswegs waghalsig war. Das Ungetüm legte die wenigen Meter, die sein Bug vom anderen Ufer trennte, so langsam zurück, dass ich mir der Fortbewegung nicht bewusst wurde, bis ich merkte, dass unsere wenigen Mitreisenden ausstiegen. Nun ging es um die Bezahlung. Wir boten dem Mann fünf Francs, aber da er kein Wechselgeld hatte, wollte er sie nicht nehmen. Wir versprachen, denselben Weg zurück zu kommen und dann zu bezahlen, was ich auch gewissenhaft zu tun beabsichtigte. Erst später wurde mir klar, dass Dearman es nie ernsthaft vorhatte. Am Ende gingen wir einen ganz anderen Weg zurück. Die Schuld ist nicht beglichen, und eine schwere Last liegt auf meinem Gewissen. Freilich sind es nur *due soldi* für uns beide, aber im Prinzip ist es ein und dasselbe.

Ich war fast völlig außerstande, Dearmans große Begeisterung für Cincinnatus zu verstehen. Er schwärmte geradezu für diesen verdienten Mann und geriet während unseres ganzen Spaziergangs bei jedem Schritt in Verzückung. Ständig wiederholte er die Geschichte des alten Herrn, der seine Rüben hackte und – aber ich muss sie nicht noch einmal nacherzählen, ich erspare es mir jedenfalls, obwohl ich mir

facts have been lately so frequently inpressed on
my mind that they almost force their way into my
journal. The story is, of course, very thrilling on
first acquaintance, but after the tenth time of
repetition it begins to grow monotonous. However,
to Dearman it afforded intense delight, and though
I saw nothing but a very prosaic footpath, between
high walls most of the way, the fact that it ran
through Q.C's very garden made it classic ground
in his eyes, though I fancy he was secretly disappointed to find no ruined walls to mark the spot
where stood that historic hovel, no relics of the Great
Agriculturist, no inscription even, no eager native
to rush forth and solemnly bid us "behold the Home
of Quintus Cincinnatus". (How tired I am of the
old fellow's name!) As I said, this *extreme* ardour
was perplexing to my colder mind, till the suspicion
crossed me, that it was, in great part, assumed as
a sort of retaliation for my enthusiasm of the day
before at the bridge of Horatius.

Be this as it may through these fields we walked,
behind the Castle of S. Angelo, to S. Peter's, and
on our way, we were much edified by watching the
manoeuvres of a portion of the Army of Italy. One
party of nice-looking boys (very raw recruits) was
being instructed in the noble art of jumping over
a skipping-rope, in performing which feat they
everyone of them tumbled headlong; others were
learning to vault, and it certainly was the most
shuffling, scrambling, *climbing* operation I ever
saw in my life. Another party were being taught
to dig trenches, which they did in the usual style
of the Italians, taking about a thimbleful of earth
in the spade at once, and resting five minutes between every flourish of the spade.

inzwischen die Einzelheiten so gut eingeprägt habe, dass sie fast zwangsläufig Eingang in mein Tagebuch finden. Die Geschichte ist natürlich beim ersten Hören packend, aber nach der zehnten Wiederholung wird sie langsam eintönig. Dearman jedoch hatte anhaltendes Entzücken daran, und obwohl ich fast die ganze Strecke als einen recht gewöhnlichen Fußweg zwischen hohen Mauern erlebte, machte ihn die Tatsache, dass er durch den ureigenen Garten des Quintus Cincinnatus führte, in seinen Augen zu antikem Boden. Ich könnte mir vorstellen, dass er insgeheim enttäuscht war, keine Mauerreste zu finden, die die Stelle kennzeichnen, wo der historische Schuppen stand; keine Reliquien von dem Großen Landwirt, nicht einmal eine Inschrift; keinen eifrigen Einheimischen, der herbeigelaufen kommt und uns feierlich hinweist: «Schauen Sie das Haus des Quintus Cincinnatus!» (Wie mich der Name des alten Herrn ermüdet!) Ich sagte schon: Dieser übertriebene Eifer störte meine kühlere Art des Betrachtens – bis mir der Verdacht kam, Dearmans Betragen könnte hauptsächlich als eine Art Vergeltung für meine Begeisterung tags zuvor an der Horatius-Brücke zu verstehen sein.

Wie auch immer: Wir wanderten durch die Felder hinter der Engelsburg nach St. Peter. Auf unserem Weg waren wir sehr beeindruckt, als wir die Manöver einer Abteilung der italienischen Armee beobachteten. Eine Gruppe nett aussehender Burschen (ganz ungeübte Rekruten) wurde in der edlen Fertigkeit unterrichtet, über ein Springseil zu hüpfen; bei der Ausführung dieses Kunststücks purzelten sie allesamt Hals über Kopf. Andere lernten Hochsprung, und das war sicher das größte Geschubse, Gerangele, Geklettere, das ich je gesehen habe. Eine andere Gruppe wurde angeleitet, Gräben auszuheben, was sie in der üblichen Art der Italiener taten, nämlich ungefähr einen Fingerhut voll Erde auf den Spaten zu laden und nach jedem Spatenstich fünf Minuten auszuruhen.

In coming out of S. Peter's this morning, who should we fall in with, but our friend *Cantini*, with a party! He stopped and spoke to us, and explained his presence there, by stating that he had just arrived from England, having finished his "important private business" earlier than he expected and therefore taken advantage of an engagement that offered itself just at the right time! It was a rather amusing rencontre.

After lunch we repaired to our balcony and engaged in the usual warfare there. The Corso was not quite so busy as on Thursday though in the neighbourhood of the Royal Balcony (where Prince Arthur and the Princess Margherita were extremely active and energetic) the crowd was *dense* the whole afternoon. At five o'clock we ventured out, and braved the storm by walking up the Corso to Mrs. Hartley's, where we went to see the horses start from the Piazza del Popolo. We played bezique in the evening, and I made 800, Dearman 80! He had beaten me hollow the night before.

Wem liefen wir in die Arme, als wir an diesem Morgen St. Peter verließen? Niemand anderem als unserem Freund Cantini in einer Gruppe.! Er blieb stehen und sprach uns an und erklärte seine Anwesenheit damit, dass er eben aus England angekommen war, eine «wichtige private Sache» schneller als erwartet erledigt hatte und darum ein Engagement, das gerade zur rechten Zeit kam, ausnutzte. Es war eine recht lustige Begegnung.

Nach dem Essen begaben wir uns zu unserer Galerie und mischten uns dort in das übliche Getümmel. Der Corso war nicht so belebt wie am Donnerstag, obwohl in unserer Nachbarschaft vor dem königlichen Balkon (wo Prinz Arthur und Prinzessin Margherita außerordentlich lebhaft und hochgestimmt waren) den ganzen Nachmittag hindurch die Menge dicht gedrängt stand. Um fünf Uhr wagten wir uns hinaus und trotzten dem Gedränge, während wir den Corso hinunter zu Mrs. Hartley wanderten wo wir die Pferde von der Piazza del Popolo starten sahen. Abends spielten wir Besigne [ein französisches Kartenspiel]; ich gewann 800, Dearman 80. In der Nacht davor hatte er mich überlegen besiegt.

Arnold Bennett
Contrasts

The contrast between old Bergamo on the fortified hill, and new Bergamo on the edge of the vast plain, is really rather dramatic. New Bergamo is just new and naught else, with hotels containing "the last comfort", ostentatious public buildings, broad tree-lined avenues, and policemen at cross-roads.

Old Bergamo ist completely old. Nothing in it is modern, except bits of sanitation here and there. It is the essence of the natural-picturesque. Its fanes look miraculous in photographs, and also in the stone-flesh. Its piazza has two public libraries, but whether anyone ever goes into them I know not. I didn't. It has a fountain, little café-restaurants, a little hotel, some shops, a barber, some quidnuncs, and a few children who spend half an hour in staring at you and then rush off like red Indians.

We were saying how delightfully one could live there for ever and ever. But one couldn't live there in delight. Because one's mere permanent presence would be unnatural, and would ruin the intactness of the place. A grand hotel stuck like a toy on the huge flank of an alp is unnatural enough. The French Riviera is unnatural enough, though its unnaturalness is fast becoming the natural. But British inhabitants in old Bergamo, with their craze for modernizing the interiors of houses, their morbid insistence on comfort, and their repudiation of the environments in which they plant themselves, would be an offence.

We ate lunch and drank good coffee on the piazza, viewed the monuments, flaunted a red guide-

Arnold Bennett
Gegensätze

Der Gegensatz zwischen Alt-Bergamo auf dem Burghügel und Neu-Bergamo am Rand einer weiten Ebene ist wirklich sehr auffallend. Neu-Bergamo ist nur neu, sonst nichts; mit Hotels, die den neuesten Luxus bieten, mit prahlerischen öffentlichen Gebäuden, breiten Alleen und Polizisten an den Straßenkreuzungen.

Alt-Bergamo ist durch und durch alt. Nichts ist modern außer hier und da eine Andeutung von Sanitärem. Es ist der Inbegriff des ungezwungen Malerischen. Seine Kirchen nehmen sich auf Fotos und auch auf Lithographien wunderbar aus. Auf der Piazza gibt es zwei öffentliche Bibliotheken, aber ich weiß nicht, ob irgendwer je hineingeht. Ich tat es nicht. Es gibt einen Brunnen, kleine Café-Restaurants, ein kleines Hotel, einige Geschäfte, einen Friseur, einige Boutiquen und ein paar Kinder, die einen eine halbe Stunde lang anstarren und dann wegrennen wie Indianer.

Wir meinten, hier könnte man wohl für immer angenehm leben. Aber tatsächlich könnte man es nicht. Schon die eigene ständige Anwesenheit wäre unnatürlich und würde die Harmonie des Ortes stören. Ein Luxushotel, das wie ein Spielzeug an einer riesigen Bergflanke klebt, wirkt höchst unnatürlich. Die Französische Riviera ist höchst unnatürlich, obwohl ihre Künstlichkeit schon fast wieder natürlich ist. Aber britische Bewohner wären mit ihrem Fimmel, das Innere der Häuser zu modernisieren, ihrem krankhaften Bestehen auf Bequemlichkeit und ihrer Missachtung der Umgebung, in der sie sich ansiedeln, ein Ärgernis für Alt-Bergamo.

Wir aßen auf der Piazza zu Mittag und tranken guten Kaffee, besichtigten die Denkmäler, prahlten mit dem roten

book, purchased postcards, and descended the steep, narrow cobbled streets to our proper refuge, new Bergamo.

Travel is full of startling contrasts: one of the most startling is that between the richly decorated idle luxury of the large Italian liners in the port of Genoa, and the slums and never-ceasing toil which surround the port. Not for a single hour in the twenty-four is the port quiet. Another contrast is that between the magnificent suburbs of Milan and the squalid suburbs of Genoa. The splendid straight smooth roads radiating from Milan easily surpass those of London or Paris. The periphery of Genoa is terrible. Why? Genoa is a very important place, and is indeed called, justly, the "city of palaces". One hears that the relative rise of Milan is due to the influence of a certain Alpine tunnel. But there must be a more complex explanation than that.

And yet another contrast. We sat in one of dozens of large, too-musical cafés in the centre of Milan. All full; and the pavements full, and the tram-cars. Tremendous babbling crowds, of which an extraordinarily large proportion consisted of smartly dressed young men. An enigma of the life of big cities is the multitude of young men therein who apparently are free to enjoy themselves at four o'clock in the afternoon. (But you do not see them in London, nor in Manchester nor Glasgow.) From the cafés of Milan we walked a few yards into the cathedral. Hardly a soul on the measureless desert floor of the unornamented house of God. And after the sunshine glitter of the streets and squares, the sacred interior seemed to be in that final stage of dusk which immediately precedes black night. Darkness and utter silence. In a distant corner, an altar was lit with candles that gave

Reiseführer, kauften Postkarten und gingen die steilen engen Kopfsteinpflaster-Gassen zu unserer feinen Unterkunft nach Neu-Bergamo hinab.

Reisen ist voll überraschender Gegensätze: Einer der überraschendsten ist der zwischen dem üppigen, sinnlosen Luxus der großen italienischen Passagierschiffe im Hafen von Genua und den Elendsvierteln mit der nie endenden Plackerei rund um den Hafen. Nicht eine einzige von vierundzwanzig Stunden herrscht im Hafen Ruhe. Ein anderer Gegensatz besteht zwischen den prächtigen Vororten von Mailand und den schmutzigen von Genua. Die schönen, geraden, glatten Straßen, die aus Mailand hinausführen, übertreffen die von London oder Paris bei weitem. Der Stadtrand von Genua ist schrecklich. Warum? Genua ist ein sehr bedeutender Ort und wird sogar «die Stadt der Paläste» genannt. Es heißt, dass das stärkere Aufblühen von Mailand einem bestimmten Alpentunnel zu verdanken ist. Aber es muß eine vielschichtigere Erklärung geben.

Ein weiterer Gegensatz: Wir saßen in einem der vielen großen Cafés mit Musikdarbietung in der Stadtmitte von Mailand. Alles vollbesetzt; auch die Gehsteige und Trambahnen. Riesiges, schwatzendes Menschengedränge mit einem ungewöhnlich großen Anteil elegant gekleideter junger Männer. Ein Rätsel des Großstadtlebens ist die große Zahl junger Männer, die es sich offenbar leisten können, um vier Uhr nachmittags müßig zu gehen. (Weder in London noch in Manchester oder Glasgow sieht man solche.) Aus dem Café gingen wir die wenigen Schritte in die Kathedrale. Kaum eine Menschenseele war in diesem unermesslich leeren, schmucklosen Gotteshaus. Nach dem gleißenden Sonnenlicht auf den Straßen und Plätzen schien der Sakralraum im letzten Dämmerlicht zu liegen, das der schwarzen Nacht unmittelbar vorausgeht. Dunkelheit und völlige Stille. In einer entfernten Nische wurden Kerzen auf einem Altar angezündet; in der lastenden Düsternis wirkte das wie ein Feuerwerk.

an effect as of fireworks in the heavy gloom. The sudden change made you think, almost overwhelmed you.

But it was at Avignon that I encountered the greatest contrast.

I do not care much for Avignon. It is over-visited. The Palace of the Popes is not worthy of its reputation, and the inhabitants are not sympathetic. They must suffer dreadfully from the mistral. I once suffered myself from the mistral in Avignon, and I shall not forget it. The mistral is a wind to destroy nobility of character and dry up the milk of human kindness.

We stayed in one of the two largest touristic hotels. The evening heat was very oppressive. The hotel was full of assorted British and American accents. Not a "foreigner" in the building, except the mistral-cursed staff! I often wish that all Anglo-Saxons (except me and my companions) would have the decency to stay at home and leave the continent of Europe uncorrupted by their presence and voices. The crowded dining-room of that infernal hotel was more Anglo-Saxon than London, and much more Anglo-Saxon than New York.

We fled from it, and in about three minutes were in the square of the populace. Some Anglo-Saxons would have the effrontery to call it the native quarter. The large square was a most soothing spectacle. All cafés, theatres, cinemas. The mundane name of Esther Ralston written in electricity on a façade, and under it two blackrobed Italian young women taking their ease in wicker-chairs and gossiping with a man in evening dress who bent laughingly over them. The young women must have been ticket-girls of the cinema, and the man may have been the director. Groups of natives drinking and chattering on the *terrasses* of the cafés. Crowds of natives sitting or sprawl-

Der plötzliche Wechsel zog einen in seinen Bann, war geradezu überwältigend.

Aber dem allergrößten Gegensatz bin ich in Avignon begegnet.

Avignon bedeutet mir nicht viel. Es ist überlaufen. Der Palast der Päpste ist seinen Ruf nicht wert, und die Einwohner sind nicht liebenswürdig. Sie müssen schrecklich unter dem Mistral leiden. Ich selbst litt einmal unter dem Mistral in Avignon und werde es nicht vergessen. Der Mistral ist ein Wind, der jede vornehme Gesinnung zunichte macht und jede Regung menschlicher Freundlichkeit erstickt.

Wir waren in einem der zwei größten Touristen-Hotels untergebracht. Die Abendhitze war sehr drückend. Im ganzen Hotel waren die unterschiedlichsten britischen und amerikanischen Sprachfärbungen zu hören. Nicht ein «Fremder» war im Haus, außer dem Mistral-geplagten Personal! Ich wünsche mir oft, alle Angelsachsen (außer mir und meinen Begleitern) hätten den Anstand, zu Hause zu bleiben und den europäischen Kontinent unbehelligt von ihrer Gegenwart und ihrem Reden zu lassen. Der überfüllte Speisesaal dieses entsetzlichen Hotels war angelsächsischer als London und noch viel angelsächsischer als New York.

Wir flohen und waren in ungefähr drei Minuten auf dem Platz der Einheimischen. Manch ein Angelsachse hätte die Frechheit, ihn das Eingeborenenviertel zu nennen. Der große Platz war ein sehr angenehmer Anblick. Viele Cafés, Theater, Kinos. Der weltbekannte Name Esther Ralston war als Lichtreklame an eine Fassade geschrieben, und darunter hatten es sich zwei schwarzgekleidete junge Italienerinnen in Korbsesseln bequem gemacht und plauderten mit einem Mann im Abendanzug, der sich lachend über sie beugte. Die jungen Frauen waren wohl Kartenverkäuferinnen des Kinos und der Mann war wohl der Direktor. Einheimische saßen in Gruppen auf den Café-Terrassen und tranken und schwatzten. Ganze Scharen von ihnen saßen oder lagen auf dem warmen

ing on the hot pavements; and many children among them, including a baby of one and a half or so, who propelled himself to and fro on his basis with considerable skill. The hour was ten-thirty. French children seem never to go to bed. Yet they are beloved, petted, cared for, and look well. Evidently the British method of rearing is not the sole satisfactory method.

We had a glimpse of a corner of the Palace of the Popes, just beyond an open corner of the square. The architecture, scarcely visible in the night, rose majestic above house-roofs: as mighty and magical as a stage-set by Gordon Craig. The vision drew us up to another great square, dark and quite empty, and then into the public gardens on the far side of the Palace. We heard the ringing of a bell. A guardian arrived and turned us out of the gardens jocularly, and locked the heavy gates behind us. Eleven o'clock had struck.

Back in the first square, where everything, infants included, was proceeding just as before. We sat down on the terrace of a café, and ordered drinks, polluting the nativeness of the place by our touristic aspect and deportment. When we reached the hotel, it was dark, and the gate was locked, and we had to ring more than once for readmittance into Anglo-Saxondom. Anglo Saxondom was in bed and no doubt as fast asleep as the heat would allow. Our sightseeing fellow-guests had missed the most interesting sight in Avignon.

Poitiers, Saumur, Angoulême
At a restaurant entitled the Chapon Fin, I had one of the most wondrous meals of my existence as an eater. And not too dear. Poitiers is only a small town, and yet the largeish restaurant was full of

Pflaster; etliche Kinder waren darunter, so ein etwa eineinhalbjähriges, das sich auf seinem Bodenplatz bemerkenswert geschickt hin und her drehte. Es war halb elf Uhr.
Französische Kinder scheinen nie ins Bett zu gehen. Sie werden dennoch geliebt, gehätschelt und versorgt und sehen gesund aus. Die britische Erziehungsweise ist offensichtlich nicht die einzig bekömmliche Methode.

Wir konnten gerade über eine offene Seite des Platzes auf eine Ecke des Papst-Palastes blicken. Die Fassade, die bei Nacht kaum sichtbar war, erhob sich mächtig über den Hausdächern: so riesig und zauberhaft wie eine Kulisse von Gordon Craig. Dieses Traumbild lockte uns hinauf zu einem anderen großen Platz, der dunkel und ganz leer war, und dann in die öffentlichen Grünanlagen an der abgelegenen Seite des Palastes. Wir hörten eine Glocke läuten. Ein Wächter tauchte auf, scheuchte uns scherzend aus den Gärten und schloss die schweren Tore hinter uns. Es schlug elf Uhr.

Auf dem ersten Platz verhielt sich alles, einschließlich der Kinder, wie zuvor. Wir setzten uns auf eine Café-Terrasse, bestellten Getränke und verunzierten das ureigene Gepräge des Ortes durch unser touristisches Aussehen und Benehmen. Als wir zum Hotel kamen, war alles dunkel und das Tor verschlossen; wir mussten mehr als einmal läuten, um wieder in die angelsächsische Welt aufgenommen zu werden. Das Angelsachsenvolk war im Bett und schlief zweifellos so fest, wie es die Hitze erlaubte. Unsere auf Sehenswürdigkeiten erpichten Mitgäste hatten die interessanteste Ansicht von Avignon verpasst!

Poitiers, Saumur, Angoulême
In einem Restaurant mit dem Namen Chapon Fin hatte ich eine der erstaunlichsten Mahlzeiten in meiner Laufbahn als Feinschmecker. Und nicht zu teuer. Poitiers ist nur eine kleine Stadt, doch das weitläufige Restaurant war voll besetzt mit

lunchers all doing themselves exceedingly well; and few tourists among them. Of the few tourists the most astonishing were two English or Scottish sisters. They ate at length, and never spoke to one another. One had a book and the other a newspaper. They ate truly distinguished food, dish after dish – and they read. Nevertheless, if you tell a woman that women don't understand food, she will deny the criticism with resentment.

Saumur is an enchanting town, full of fine domestic architecture. Angers is an enchanting town, full of fine domestic architecture. So is Angoulême. But all three are very provincial. As we were driving in the rain through Angoulême, a lady in my party suddenly exclaimed: "Oh! There's a hat!" The car was violently stopped. She dashed into the shop and emerged with a 300-franc fashionable green hat, snatched from the provinciality of Angoulême. What an eye she had for a hat! We drove on.

Blois
Admiring the beautiful façades of the château again, after long years, we decided that we might as well visit the interior, which I had never seen. "Only five minutes," said the guardian of the door, after we had paid the fee. The hour of midday closing was about to strike. Five minutes was just enough. One can get a first general idea of any château interior in five minutes, and of any picture-gallery in half an hour. Details should wait. It is the large impression which ought to come first.

We saw a group of people in front of us, and the herd-instinct drew us towards them. In a moment we were caught, held, by the eye of the official guide. He locked a door behind us, and unlocked a door in front

Speisenden, die es sich überaus gutgehen ließen; nur wenige Touristen waren dazwischen. Unter diesen wenigen Touristen waren zwei Schwestern aus England oder Schottland am erstaunlichsten. Sie aßen ausgiebig und sprachen nie miteinander. Die eine hatte ein Buch, die andere eine Zeitung. Sie speisten wahrlich erlesen, einen Gang nach dem anderen – und lasen. Trotzdem wird eine Frau, der man sagt, dass Frauen nichts vom Essen verstehen, die Behauptung empört zurückweisen.

Saumur ist eine hübsche Stadt voller heimischer Architektur. Angers ist eine hübsche Stadt voller heimischer Architektur. Genau so ist Angoulême. Aber alle drei sind recht provinziell. Als wir bei Regen durch Angoulême fuhren, rief eine Dame aus meiner Gruppe plötzlich: «Oh, dort, was für ein Hut!» Das Auto hielt abrupt an. Sie stürzte in den Laden und kam wieder mit einem 300 Francs teuren, eleganten, grünen Hut, der Provinzialität von Angoulême entrissen. Was für einen Blick für Hüte sie hatte! Und weiter gings.

Blois
Nach vielen Jahren bewunderten wir wieder die schöne Fassade des Schlosses. Diesmal wollten wir auch sein Inneres, das ich nie gesehen hatte, besichtigen. «Leider nur noch fünf Minuten», sagte der Türsteher, nachdem wir den Eintritt bezahlt hatten. Die Mittagsschließung stand bevor. Aber fünf Minuten waren ausreichend. Man bekommt von den Räumlichkeiten eines jeden Schlosses in fünf Minuten eine erste allgemeine Vorstellung, genau so wie in einer halben Stunde von einer Gemäldegalerie. Einzelheiten können warten. Zuerst sollte immer der umfassende Eindruck stehen.

Wir sahen vor uns eine Gruppe Leute, und der Herdentrieb zog uns zu ihnen hin. Sogleich wurden wir vom Blick des amtlichen Fremdenführers erfasst und festgehalten. Er schloss eine Tür hinter uns ab und sperrte eine Tür vor uns

of us; and throughout the tour he kept locking doors behind and unlocking doors in front. We could not linger. We were ambulating prisoners, and there was no getting away from the ordeal. The ordeal was terrible; such ordeals always are. Official guides confine their explanatory remarks to the statement of centuries – this was fifteenth, that was twelfth and so on – and to childish details concerning secret closets and staircases and the thicknesses of walls, and to differentiation between what is "original" and what is "restored". They rarely say anything of interest. They are decent fellows, but self-complacent. Most of them have gradually been victimized by the extraordinary delusion that they themselves are somehow creatively responsible for the wonders which they exhibit.

The highly uninhabitable interiors of Blois have lost all their furniture, and in both architecture and decoration they are merely barbaric. It is marvellous that architects so brilliant in façades should have been so dull, clumsy, and inept in planning and decoration. The thought of the darkness and discomfort of those kingly times depresses, and the depression is rendered acute by the absence of interior beauty, by the solemn, silly ritual of the guide, by the desire for freedom, and by the apparent stupidity of your fellow-tourists. They really do look stupid. But for all you know you yourself may look stupid, as you listen to the interminable, echoing rigmarole and wander on and on with the meekness of sheep, upstairs, downstairs, through guard-rooms, audience-chambers, bedrooms, boudoirs, dungeons, all cold and damp in the intense dry summer heat. It is my theory that the compulsion to listen to what is stupid must induce stupidity in the listener. The one strong

auf. Während der ganzen Führung schloss er Türen hinter uns und öffnete Türen vor uns. Wir konnten uns nirgends aufhalten. Wir waren wandelnde Gefangene, und es gab kein Entrinnen aus diesem Unterricht. Er war schrecklich. Solche Belehrungen sind es immer. Amtliche Fremdenführer beschränken ihre Ausführungen immer auf die Angabe des Jahrhunderts – hier das fünfzehnte, dort das zwölfte und so fort – auf kindische Einzelheiten über geheime Kammern, Treppenhäuser, auf die Dicke der Wände und auf die Unterscheidung von «original» und «restauriert». Sie erzählen kaum etwas Interessantes. Sie sind ganz nette Kerle, aber allzu selbstgefällig. Die meisten fallen nach und nach der Wahnvorstellung anheim, dass sie selber irgendwie schöpferisch beteiligt sind an den Wunderwerken, die sie zeigen.

Die ganz und gar unbewohnbaren Räume von Blois sind ohne jegliches Mobiliar und sind in Abmessung und Ausgestaltung bloß barbarisch. Es wundert einen, dass Architekten, die eine so großartige Fassade geschaffen haben, bei der Planung und Ausgestaltung der Räume so schwerfällig, ungeschickt und abwegig sein konnten. Der Gedanke an die Düsternis und Unbehaglichkeit jener königlichen Zeiten ist bedrückend und die Bedrückung wird verstärkt durch die Abwesenheit einer schönen Innenarchitektur, durch das feierliche, alberne Gehabe des Führers, durch den Wunsch, hier herauszukommen und durch die offensichtliche Einfalt der Reisegefährten. Sie sehen wirklich einfältig aus. Aber wie man weiß, sieht man selber einfältig aus, wenn man dem endlos gleichlautenden Geschwätz zuhört und mit Schafsgeduld immer weiter geht, treppauf, treppab, durch Wachräume, Audienz-Zimmer, Schlafzimmer, Boudoirs, Verliese, alle kalt und feucht, während draußen trockene Sommerhitze glüht. Nach meiner Überzeugung macht der Zwang, Dummes anzuhören, den Zuhörer selber dumm. Das einzige starke Argument gegen diese Überzeugung ist der Umstand, dass

argument against this theory is that the guide spoke in French and obviously the majority of his restless defeated flock had no notion what he was saying. Nor had they any eye for the occasional glimpses of lovely exteriors – the carving of the rows of gargoyles, for instance – as to which the guide uttered no word.

At length, when you had begun to long ardently for an earthquake or the end of the world, the guide said: "And now ladies and gentlemen, the tour is terminated." A lock creaks. Glorious prospect of liberty! You have, morally and in fact, to tip the guide for half an hour of mental and physical torture; but not even this horrid necessity can impair your joy and your relief. You had walked like sheep. Now you skip like lambs. You dash down a dangerous stone staircase. You are enfranchised. You are in the sun, in the courtyard, in the street. The adjacent too-touristic hotel where you will lunch bears a convincing resemblance to Paradise.

der Führer französisch sprach und die Mehrheit seiner unruhigen, ergebenen Herde keine Ahnung von dem hatte, was er sagte. Auch für gelegentliche Ausblicke auf die reizvolle Fassade – zum Beispiel die Schnitzereien auf den Reihen von Wasserspeichern – hatte niemand ein Auge, weil sie der Führer mit keinem Wort erwähnte.

Als wir schließlich so weit waren, ein Erdbeben oder das Ende der Welt inständig herbeizusehen, sagte der Führer: «Und damit, meine Damen und Herren, ist der Rundgang beendet.» Ein Schloss knarrt. Herrliche Aussicht auf Freiheit! Man muss aus Anstand und unausweichlich dem Führer Trinkgeld geben für eine halbe Stunde geistige und körperliche Misshandlung; aber nicht einmal dieser grässliche Zwang kann einem die Freude und Erleichterung schmälern. Man ist wie ein Schaf dahingetrottet. Jetzt hüpft man wie ein Lamm. Man springt eine gefährliche Steintreppe hinab. Man ist befreit. Man steht in der Sonne, im Schlosshof, auf der Straße. Das benachbarte Mittelklasse-Hotel, wo man zu Mittag essen wird, ähnelt überzeugend dem Paradies.

Laurence Sterne
On the Road in France

(To Mr. Foley, at Paris) – Toulouse, August 14, 1762 –
My dear Foley, After many turnings (*alias* digressions) to say nothing of downright overthrows, stops, and delays, we have arrived in three weeks at Toulouse, and are now settled in our house, with servants, &c., about us, and look as composed as if we had been here seven years. In our journey we suffered so much from the heat, it gives me pain to remember it – I never saw a cloud from Paris to Nîmes half as broad as a twenty-four sols piece. Good God! we were toasted, roasted, grill'd, stew'd, and carbonaded on one side or other all the way – and being all done enough (*assez cuits*) in the day, we were eat up at night by bugs, and other unswept-out vermin, the legal inhabitants (if length of possession gives right) of every inn we lay at.

Can you conceive a worse accident than that in such a journey, in the hottest day and hour of it, four miles from either tree or shrub which could cast a shade of the size of one of Eve's fig-leaves – that we should break a hind wheel into ten thousand pieces, and be obliged, in consequence, to sit five hours on a gravelly road, without one drop of water, or possibility of getting any? – To mend the matter, my two postillions were two dough-hearted fools, and fell a-crying – Nothing was to be done! By heaven, quoth I, pulling off my coat and waistcoat, something shall be done, for I'll thrash you both within an inch of your lives – and then make you take each of you a

Laurence Sterne
Unterwegs in Frankreich

(An Mr. Foley in Paris) – Toulouse, 14. August 1762 – Mein lieber Foley, nach vielen Wendungen (alias Umwegen), nicht zu reden von richtigen Stürzen, Unterbrechungen und Verzögerungen, haben wir nach drei Wochen Toulouse erreicht und uns jetzt in unserem Haus eingerichtet, samt Dienern und allem, und wirken so wohlgeordnet, als wären wir schon sieben Jahre hier. Auf unserer Reise litten wir so sehr unter der Hitze, dass mir noch die Erinnerung wehtut. Von Paris bis Nîmes sah ich keine Wolke, die halb so breit wie ein Vierundzwanzig-Sols-Stück gewesen wäre. Großer Gott! Wir wurden die ganze Strecke auf der einen wie der anderen Seite getoastet, geröstet, gegrillt, geschmort und verkohlt – und wenn alle tagsüber genug gegart (assez cuits) waren, wurden wir nachts verspeist von Wanzen und anderem nicht hinausgefegten Ungeziefer, den rechtmäßigen (wenn die Dauer des Besitzes Recht schafft) Bewohnern jedes Gasthauses, in dem wir schliefen.

Kannst du dir einen schlimmeren Unfall vorstellen, als dass auf so einer Reise zur heißesten Stunde des heißesten Tages vier Meilen weit weg von jedem Baum oder Strauch, der einen Schatten so groß wie eines von Evas Feigenblättern hätte werfen können, dass da ein Hinterrad in zehntausend Stücke brach und wir folglich gezwungen waren, fünf Stunden auf einer steinigen Straße zu sitzen, ohne einen Tropfen Wasser oder die Möglichkeit, einen zu bekommen? – Um die Angelegenheit aufs Äußerste zu treiben, begannen meine zwei Kutscher, zwei einfältige Narren, zu jammern, man könne nichts machen! Beim Himmel, sagte ich und zog Jacke und Weste aus, etwas wird gemacht, denn ich werde euch beiden die Seele aus dem Leib prügeln – und euch dazu

horse, and ride like two devils to the next post for a cart to carry my baggage, and a wheel to carry ourselves. – Our luggage weighed ten quintals – 'twas the fair of Beaucaire – all the world was going or returning – we were asked by every soul who passed by us, if we were going to the fair of Beaucaire? – No wonder, quoth I, we have goods enough! *vous avez raison, mes amis.*

Well! here we are, after all, my dear friend, and most deliciously placed at the extremity of the town, in an excellent house, well furnished, and elegant beyond anything I look'd for. 'Tis built in the form of a hotel, with a pretty court towards the town – and behind, the best garden in Toulouse, laid out in serpentine walks, and so large that the company in our quarter usually come to walk there in the evenings, for which they have my consent – "the more the merrier." The house consists of a good *salle à manger* above stairs, joining to the very great *salle à compagnie* as large as the Baron d'Holbach's; three handsome bed-chambers with dressing-rooms to them – below stairs two very good rooms for myself, one to study in, the other to see company. I have, moreover, cellars round the court, and all other offices. Of the same landlord I have bargained to have the use of a country-house which he has two miles out of town, so that myself and all my family have nothing more to do than to take our hats and remove from the one to the other. My landlord is, moreover, to keep the gardens in order – and what do you think I am to pay for all this? neither more or less than thirty pounds a year – all things are cheap in proportion – so we shall live for very little.

I dined yesterday with Mr. H.; he is most pleasantly situated, and they are all well. As for the books

bringen, je ein Pferd zu nehmen und wie zwei Teufel zur nächsten Poststelle zu reiten, um einen Wagen zu holen, der mein Gepäck befördert, und ein Rad für unsere eigene Beförderung. – Das Gepäck wog zehn Zentner; es war Markt in Beaucaire – alle Welt ging hin oder kam von dort; von jedem Menschen, der vorbeikam, wurden wir gefragt, ob wir zum Markt von Beaucaire wollten? Klar, sagte ich, wir haben Waren genug! Vous avez raison, mes amis.

Nun! Jetzt sind wir nach all dem hier, mein lieber Freund, und aufs feinste untergebracht am Stadtrand in einem sehr ansehnlichen, gut ausgestatteten Haus, das eleganter ist, als ich erwartet hatte. Es ist wie ein Hotel angelegt, mit einem hübschen Hof zur Stadtseite und hat nach hinten hinaus den schönsten Garten von Toulouse; er ist mit verschlungenen Wegen durchzogen und so weitläufig, dass die Leute in unserem Viertel hier gern am Abend spazieren gehen, wozu sie mein Einverständnis haben – «je mehr desto lustiger.» Das Haus besteht aus einer guten *salle à manger* in der oberen Etage, die an die sehr große *salle à compagnie* anschließt – so groß wie bei Baron Holbach; dazu gehören drei hübsche Schlafzimmer mit dazugehörigen Ankleideräumen; unten sind noch zwei schöne Zimmer für mich, eines zum Arbeiten, das andere, um Gäste zu empfangen. Außerdem habe ich rund um den Hof Kellerräume und alle anderen Wirtschaftsräume. Mit demselben Wirt habe ich vereinbart, dass ich ein Landhaus, das er zwei Meilen außerhalb der Stadt besitzt, nutzen darf, so dass ich und meine ganze Familie nichts weiter zu tun haben, als unsere Hüte zu nehmen und von dem einen Haus ins andere zu ziehen. Mein Wirt versorgt außerdem die Gärten. Und was meinst du, was ich für das alles bezahlen muß? Nicht mehr und nicht weniger als dreißig Pfund im Jahr. Alles ist verhältnismäßig billig, so werden wir sehr günstig leben.

Gestern speiste ich mit Mr. H.; er ist in bester Verfassung, und alle sind wohlauf. Wegen der Bücher, die du für D. be-

you have received for D –, the bookseller was a fool
not to send the bill along with them – I will write to
him about it. I wish you were with me for two
months; it would cure you of all evils ghostly and
bodily – but this like many other wishes both
for you and myself, must have its completion else-
where. Adieu, my kind friend, and believe that I love
you as much from inclination as reason, for I am
most truly yours,
   L. Sterne

kommen hast: der Buchhändler war ein Narr, dass er die Rechnung nicht mitgeschickt hat. Ich werde ihm deshalb schreiben. Ich wünschte, Du könntest zwei Monate bei mir sein; es würde Dich von allen geistigen und körperlichen Übeln heilen – aber dieser Wunsch muß wie so viele andere Wünsche für Dich und mich anderswo in Erfüllung gehen. Leb wohl, lieber Freund und glaube mir, dass ich Dich sowohl aus Zuneigung als auch aus Vernunft liebe, denn ich bin ganz aufrichtig Dein
   L. Sterne

Tobias Smollett
The Waters of Provence

Montpellier, November 5, 1763 – Dear Sir, the city of Lyons has been so often and so circumstantially described, that I cannot pretend to say any thing new on the subject. Indeed, I know very little of it, but what I have read in books; as I had but one day to make a tour of the streets, squares and other remarkable places. The bridge over the Rhone seems to be so slightly built, that I should imagine it would be one day carried away by that rapid river; especially as the arches are so small, that, after great rains they are sometimes *bouchées*, or stopped up; that is, they do not admit a sufficient passage for the encreased body of the water. In order to remedy this dangerous defect, in some measure, they found an artist some years ago, who has removed a middle pier, and thrown two arches into one. This alteration they looked upon as a master-piece in architecture, though there is many a common mason in England, who would have undertaken and performed the work, without valuing himself much upon the enterprize. This bridge, as well as that of St. Esprit, is built, not in a straight line across the river, but with a curve, which forms a convexity to oppose the current. Such a bend is certainly calculated for the better resisting the general impetuosity of the stream, and has no bad effect to the eye. (…)

The rapidity of the Rhone is, in a great measure, owing to its being confined within steep banks on each side. These are formed almost through its whole course, by a double chain of mountains, which rise with an

Tobias Smollett
Wasser in der Provence

Montpellier, 5. November 1763 – Mein lieber Herr, die Stadt Lyon ist so oft und so umfassend beschrieben worden, dass ich mir nicht anmaßen kann, irgendetwas Neues über sie zu sagen. Ich weiß tatsächlich sehr wenig über sie, nur das, was ich in Büchern gelesen habe, weil ich nur einen Tag Zeit hatte, die Straßen, Plätze und andere sehenswerte Orte zu besichtigen. Die Brücke über die Rhone scheint so leicht gebaut zu sein, dass ich mir vorstellen kann, wie sie eines Tages von diesem reißenden Fluß weggespült wird, besonders weil die Bögen so niedrig sind, dass sie nach schweren Regenfällen manchmal bouchées, das heißt verstopft sind; das bedeutet, dass sie nicht genügend Raum für den Durchfluss der angestiegenen Wassermassen frei lassen. Um diesen gefährlichen Fehler einigermaßen zu beheben, fand man vor einigen Jahren einen Baumeister, der einen Mittelpfeiler versetzte und zwei Bögen zusammenfasste. Diese Änderung betrachtete man als ein Meisterwerk der Baukunst, obwohl es in England manch einen einfachen Maurer gibt, der dieselbe Arbeit angepackt und durchgeführt hätte, ohne wegen dieser Unternehmung groß zu tun. Diese Brücke ist wie die von St. Esprit nicht in gerader Linie gebaut, sondern quert den Fluss in einer Kurve und bildet eine konvexe Form, um dem Wasserstrom standzuhalten. Eine solche Biegung ist sicherlich danach berechnet, dem allgemeinen Druck des Stromes zu widerstehen, und sieht gar nicht übel aus. (...)

Die reißende Geschwindigkeit der Rhone ist hauptsächlich darauf zurückzuführen, dass sie beiderseits von steilen Ufern eingeengt ist. Die Ufer werden entlang fast ihres gesamten Laufs von einer Doppelkette von Bergen gebildet,

abrupt ascent from both banks of the river. The mountains are covered with vineyards, interspersed with small summer-houses, and in many places they are crowned with churches, chapels, and convents, which add greatly to the romantic beauty of the prospect. The highroad, as far as Avignon, lies along the side of the river, which runs almost in a straight line, and affords great convenience for inland commerce. Travellers, bound to the southern parts of France, generally embark in the *diligence* at Lyons, and glide down this river with great velocity, passing a great number of towns and villages on each side, where they find ordinaries every day at dinner and supper. In good weather, there is no danger in this method of travelling, till you come to the Pont St. Esprit, where the stream runs through the arches with such rapidity, that the boat is sometimes overset. But those passengers who are under any apprehension are landed above-bridge, and taken in again, after the boat has passed, just in the same manner as at London Bridge. The boats that go up the river are drawn against the stream by oxen, which swim through one of the arches of this bridge, the driver sitting between the horns of the foremost beast.

We set out from Lyons early on Monday morning, and as a robbery had been a few days before committed in that neighbourhood, I ordered my servant to load my musquetoon with a charge of eight balls. By the bye, this piece did not fail to attract the curiosity and admiration of the people in every place through which we passed. The carriage no sooner halted, than a crowd immediately surrounded the man to view the blunderbuss, which they dignified with the title of *petit canon*. At Nuys in Burgundy, he fired it in the air, and the whole mob dispersed, and scampered off like a flock of sheep.

die zu beiden Seiten des Flusses unmittelbar aufsteigen. Die Berge sind mit Weingärten bedeckt, in die kleine Sommerhäuschen eingestreut sind; an vielen Orten sind sie von Kirchen, Kapellen und Klöstern gekrönt, was viel zur romantischen Schönheit des Bildes beiträgt. Die Hauptstraße verläuft bis Avignon am Fluss entlang, der in fast gerader Linie dahinströmt, was für den Binnenhandel sehr vorteilhaft ist. Reisende, die in die südlichen Regionen von Frankreich gelangen wollen, schiffen sich gewöhnlich in Lyon in die «Diligence» ein und gleiten mit großer Geschwindigkeit flussabwärts, vorbei an vielen Städten und Dörfern zu beiden Seiten, wo sie jeden Tag zu Mittag und zu Abend Speisehäuser finden. Bei gutem Wetter ist diese Art zu reisen gefahrlos – bis man zur Brücke St. Esprit kommt, wo der Fluss mit solcher Schnelligkeit durch die Brückenbögen fließt, dass manchmal das Boot umkippt. Aber diejenigen Passagiere, die sich etwas ängstigen, werden oberhalb der Brücke an Land gebracht und, wenn das Boot die Pfeiler passiert hat, wieder an Bord genommen. Die flussaufwärts fahrenden Boote werden gegen den Strom von Ochsen gezogen, die unter einem der Bögen dieser Brücke durchschwimmen, während ihr Treiber zwischen den Hörnern des vordersten Tieres sitzt.

Wir verließen Lyon an einem frühen Montagmorgen, und weil wenige Tage zuvor in der Nachbarschaft ein Raubüberfall verübt worden war, wies ich meinen Diener an, meine Muskete mit acht Kugeln zu laden. Nebenbei bemerkt: Wohin wir auch kamen, dieses Stück verfehlte nie, die Neugier und Bewunderung der Leute auf sich zu ziehen. Kaum hatte die Kutsche angehalten, umringte sofort eine Menschenmenge den Bediensteten, um die Feuerwaffe zu betrachten, der sie den Titel «kleine Kanone» verliehen. Bei Nuys in Burgund feuerte der Diener in die Luft, und der ganze Haufen Leute stob auseinander und rannte davon wie eine Herde Schafe.

Boulogne, May 23, 1765 – Dear Doctor, I found three English families at Aix, with whom I could have passed my time very agreeably; but the society is now dissolved. Mr. S-re and his lady left the place in a few days after we arrived. Mr. A-r and lady Betty are gone to Geneva; and Mr. G-r with his family remains at Aix. This gentleman, who laboured under a most dreadful nervous asthma, has obtained such relief from this climate, that he intends to stay another year in the place: and Mr. A-r found surprizing benefit from drinking the waters, for a scorbutical complaint. As I was incommoded by both these disorders, I could not but in justice to myself, try the united efforts of the air and the waters; especially as this consideration was re-inforced by the kind and pressing exhortations of Mr. A-r and lady Betty, which I could not in gratitude resist.

Aix, the capital of Provence, is a large city, watered by the small river Are. It was a Roman colony, said to be founded by Caius Sextus Calvinus, above a century before the birth of Christ. From the source of mineral water here found, added to the consul's name, it was called Aquæ Sextiæ. It was here that Marius, the conqueror of the Teutones, fixed his head-quarters, and embellished the place with temples, aqueducts and thermæ, of which, however, nothing now remains. The city, as it now stands, is well built, though the streets in general are narrow, and kept in a very dirty condition. But it has a noble *cours* planted with double rows of tall trees, and adorned with three or four fine fountains, the middlemost of which discharges hot water supplied from the source of the baths. On each side there is a row of elegant houses, inhabited chiefly by the noblesse, of which there is here a considerable number. (…)

Boulogne, 23. Mai 1765 – Lieber Doktor, in Aix traf ich drei englische Familien, mit denen ich meine Zeit recht angenehm hätte verbringen können; aber die Gesellschaft hat sich jetzt zerstreut. Mr. S-re und seine Frau verließen den Ort wenige Tage, nachdem wir angekommen waren. Mr. A-r und Frau Betty sind nach Genua abgereist; nur Mr. G-r mit Familie bleibt in Aix. Dieser Herr, der unter sehr schlimmem nervösen Asthma litt, hat in diesem Klima solche Erleichterung gefunden, dass er plant, noch ein Jahr in diesem Ort zu bleiben; Mr. A-r wurde durch das Wassertrinken überraschend von seinem Skorbut-Leiden geheilt. Da ich selbst von diesen beiden Leiden geplagt war, war ich es mir gewissermaßen schuldig, die vereinten Wirkungen von Luft und Wasser zu versuchen, zumal diese Überlegung durch die freundlichen und dringlichen Ratschläge von Mr. A-r und Frau Betty verstärkt wurden, denen ich schon aus Dankbarkeit nicht widerstehen konnte.

Aix, die Hauptstadt der Provence, ist eine große Stadt die von dem kleinen Fluss Are durchflossen wird. Es war eine Römersiedlung, angeblich von Caius Sextus Calvinus um das Jahr einhundert vor Christus gegründet. Nach den Mineralquellen, die man hier fand, wurde es in Verbindung mit dem Namen des Konsuls Aquae Sextiae genannt. Hier schlug Marius, der Bezwinger der Teutonen, sein Hauptquartier auf und versah den Ort mit Tempeln, Wasserleitungen und Thermen, wovon jedoch nichts übriggeblieben ist. Die Stadt ist jetzt gut angelegt, obwohl die Straßen meistens eng und sehr schmutzig sind. Aber sie hat eine feine Promenade, die mit einer Doppelreihe hoher Bäume bepflanzt und mit drei oder vier hübschen Brunnen ausgestattet ist; der mittlere, von der Therme gespeist, spendet heißes Wasser. Zu beiden Seiten steht eine Reihe eleganter Häuser, die hauptsächlich vom Adel bewohnt werden, der hier recht zahlreich ist. (...)

The baths of Aix, so famous in antiquity, were quite demolished by the irruptions of the Barbarians. The very source of the water was lost, till the beginning of the present century, (I think the year 1704), when it was discovered by accident, in digging for the foundation of a house, at the foot of a hill, just without the city wall. Near the same place was found a small stone altar, with the figure of a Priapus and some letters in capitals, which the antiquarians have differently interpreted. From this figure, it was supposed that the waters were efficacious in cases of barrenness. It was a long time, however, before any person would venture to use them internally, as it did not appear that they had ever been drank by the ancients. On their re-appearance, they were chiefly used for baths to horses, and other beasts which had the mange, and other cutaneous eruptions. At length poor people began to bathe in them for the same disorders, and received such benefit from them, as attracted the attention of more curious inquirers. A very superficial and imperfect analysis was made and published, with a few remarkable histories of the cures they had performed, by three different physicians of those days; and those little treatises, I suppose, encouraged valetudinarians to drink them without ceremony. They were found serviceable in the gout, the gravel, scurvy, dropsy, palsy, indigestion, asthma, and consumption; and their fame soon extended itself all over Languedoc, Gascony, Dauphiné and Provence. (…)

Having ordered our coach to be refitted, and provided with fresh horses, as well as with another postilion, in consequence of which improvements, I payed at the rate of a loui'dore *per diem* to Lyons and back again, we departed from Aix, and the second

Die in der Antike so berühmten Badeanlagen von Aix wurden durch die Überfälle der Barbaren völlig zerstört. Die eigentliche Quelle war bis zu Beginn dieses Jahrhunderts (ich denke bis zum Jahr 1704) verschüttet, bis sie durch Zufall beim Ausheben eines Fundamentes für ein Haus am Fuß des Hügels knapp außerhalb der Stadtmauer entdeckt wurde. Ganz in der Nähe wurde ein kleiner steinerner Altar mit der Darstellung eines Priapos und einigen Schriftzeichen entdeckt, die die Archäologen unterschiedlich gedeutet haben. Wegen der Figur vermutete man, dass die Brunnen in Fällen von Impotenz wirksam waren. Es verging jedoch lange Zeit, bis jemand es wagte, das Wasser für innere Anwendungen zu nutzen, weil es keine Anzeichen dafür gab, dass die alten Römer je davon getrunken hätten. Nach der Wiederentdeckung wurden die Brunnen hauptsächlich genutzt als Bad für Pferde und andere Tiere, die räudig waren oder andere Hautausschläge hatten. Schließlich begannen arme Leute sich wegen derselben Krankheiten darin zu baden und erzielten solche Heilerfolge, dass die Aufmerksamkeit vieler Neugieriger geweckt wurde. Drei verschiedene Ärzte aus jener Zeit haben eine recht oberflächliche und unvollständige Analyse angefertigt und mit ein paar bemerkenswerten Berichten über die von ihnen durchgeführten Kuren veröffentlicht; diese kleinen Abhandlungen haben vermutlich kränkliche Menschen ohne weiteres zum Trinken ermutigt. Die Brunnen wurden als wirksam befunden bei Gicht, Steinleiden, Skorbut, Wassersucht, Lähmungen, Verdauungsstörungen, Asthma und Tuberkulose; ihr Ruf verbreitete sich bald über die Languedoc, die Gascogne, die Dauphiné und die Provence. (…)

Nachdem wir unsere Kutsche haben gründlich überholen lassen, und sowohl mit frischen Pferden als auch einem anderen Postillion versehen waren (und ich für diese Verbesserungen einen Louisdor *per diem* für die Strecke nach Lyon und zurück bezahlt hatte), verließen wir Aix. Am

day of our journey passing the Durance in a boat, lay at Avignon. This river, the Druentia of the ancients, is a considerable stream, extremely rapid, which descends from the mountains, and discharges itself in the Rhone. After violent rains it extends its channel, so as to be impassable, and often overflows the country to a great extent.

In the middle of a plain, betwixt Orgon and this river, we met the coach in which we had travelled eighteen months before, from Lyons to Montpellier, conducted by our old driver Joseph, who no sooner recognized my servant at a distance, by his musquetoon, than he came running towards our carriage, and seizing my hand, even shed tears of joy. Joseph had been travelling through Spain, and was so imbrowned by the sun, that he might have passed for an Iroquois. I was much pleased with the marks of gratitude which the poor fellow expressed towards his benefactors. He had some private conversation with our *voiturier*, whose name was Claude, to whom he gave such a favourable character of us, as in all probability induced him to be wonderfully obliging during the whole journey.

zweiten Tag unserer Reise überquerten wir die Durance
mit einem Boot bei Avignon. Dieser Fluss – in der Antike
Druentia genannt – ist ein beachtlicher, äußerst reißender
Fluss, der aus den Bergen kommt und in die Rhone mündet.
Nach heftigen Regenfällen verbreitert sich sein Flussbett,
so dass er unpassierbar wird und überflutet oft weite Landstriche.

Mitten in der Ebene zwischen Orgon und diesem Fluss
trafen wir die Kutsche wieder, in der wir achtzehn Monate
zuvor von Lyon nach Montpellier gereist waren, gelenkt
von unserem alten Kutscher Joseph, der, kaum dass er von
weitem meinen Diener an seiner Muskete erkannt hatte,
auf unseren Wagen zugelaufen kam und mir die Hand
schüttelte und sogar Freudentränen vergoss. Joseph war
durch Spanien gereist und war so sonnenverbrannt, dass
man ihn für einen Irokesen halten konnte. Ich war sehr
gerührt über die Zeichen der Dankbarkeit, die der arme
Kerl gegenüber seinen Wohltätern zum Ausdruck brachte.
Er unterhielt sich mit unserem Voiturier namens Claude
und gab ihm eine so vorteilhafte Beschreibung von
uns, dass höchstwahrscheinlich diese ihn dazu brachte,
während der ganzen Reise erstaunlich zuvorkommend
zu sein.

Henry James
Breakfast out of Doors

(To Frances Anne Kemble) – Hôtel de Noailles, Marseilles, February, 24th 1881 – Dear Mrs. Kemble, it is time I should ask you for some news, and give you some, first, as a bribe. I didn't wish to write to you while I was in Paris, because I don't think you care much for things that come from Paris – except caps and dresses. I have been spending twelve days there, and departed day before yesterday; and here I am pausing a little on my way to Italy and warming myself in the rays of this splendid Provençal sun. I stopped yesterday at Avignon, and "did" the place in an exemplary manner – that is I went over the old palace of the Popes and walked beside the Rhône, to admire the bare, dusty-looking landscape of rugged rock and smoke-coloured olive.

Marseilles is rather amusing, like all seaports; and I took a long drive this morning beside the sea to a restaurant in the faubourgs where it is obligatory to eat a mess of *bouillabaisse*, a formidable dish, demanding a French digestion. It was served to me on a charming terrace, overlooking the blue Mediterranean and the Château d'If, where Monte Cristo began his adventures.

Look out of your window at Cavendish Square, and tell me what you think of breakfasting out of doors. I don't like to torment you with telling you that the air is as soft as it is bright, and that, having come down to meet the spring, I have already met and embraced it – and yet if the statement makes you think rather worse than usual of the climate

Henry James
Frühstück im Freien

(An Frances Anne Kemble) – Hôtel de Noailles, Marseilles,
24. Februar 1881 – Liebe Mrs. Kemble, es ist an der Zeit, Sie
um einige Neuigkeiten zu bitten und Ihnen zuvor als Bestechung welche zu übermitteln. Ich wollte Ihnen nicht
schreiben, solange ich in Paris war, weil ich nicht glaube,
dass Sie sich viel aus dem machen, was aus Paris kommt –
abgesehen von Hüten und Kleidern. Ich habe mich zwölf Tage
dort aufgehalten und bin vorgestern abgereist. Hier verweile
ich ein wenig auf meinem Weg nach Italien und wärme
mich in den Strahlen dieser wunderbaren provençalischen
Sonne. Gestern machte ich Halt in Avignon und «schaffte»
den Ort in einer beispielhaften Weise – ich besichtigte den
alten Papstpalast und spazierte die Rhone entlang, um die
kahle, staubige Landschaft mit ihrem rauhen Gestein und
rauchfarbenen Oliven zu bewundern.

Marseilles ist wie alle Seehäfen recht unterhaltsam. Heute
morgen unternahm ich eine lange Fahrt am Meer entlang
zu einem Restaurant in den Vorstädten, wo es ein Muss ist,
eine Portion Bouillabaisse zu essen, ein furchtbares Gericht,
das eine französische Verdauung erfordert. Es wurde mir auf
einer bezaubernden Terrasse serviert – mit Blick auf das
blaue Mittelmeer und das Château d'If, wo Monte Cristos
Abenteuer begannen.

Schauen Sie aus Ihrem Fenster auf den Cavendish Square
und sagen Sie mir, was Sie vom Frühstücken im Freien
halten. Ich möchte Sie nicht quälen, wenn ich Ihnen erzähle,
dass die Luft ebenso weich wie klar ist und dass ich den
Frühling gesucht und schon gefunden und umarmt habe. –
Doch wenn mein Bericht Sie noch schlechter von dem Klima, in dem Sie leben, denken lässt als sonst, so soll er ledig-

you live in, it will only make you think more kindly even than usual of me.

There is nothing very interesting to tell you of Paris. I saw my various friends there, but thought the "Frenchified American" rather a poor type. They eat and drink very well and know a good deal about petticoats and *bibelots* – *mais ils sont bien corrompus* – in a feeble sort of way, too. I went to a French dinner-party and was struck with the conversational powers – i.e. the vivacity, quickness, smartness, et cetera, of the people. They don't care who is looking or who hears – which the English do, so much, when they talk or move! I went several times to the theatre – but saw only two things of importance, Alex. Dumas's new piece, the *Princesse de Bagdad*, hollow, sentimental and nasty, but brilliantly acted; and a much better thing, *Divorçons*, by Sardou, at the Palais Royal. The latter is genuine comedy, without French morality, from which Heaven deliver us, and if you had been on the spot I think I should have almost attempted, in spite of the impurity both of the atmosphere and of the piece, *de vous y attirer*.

I am going in a few days to Nice, but am waiting here till the Carnival, which is now raging there, is over, as it makes, I am told, an intolerable crowd and bustle. After that I shall probably betake myself to Venice. A friend of mine, writing to me the other day from Rome, said, "Hamilton Aïdé is here, as sweet and fresh as a daisy!" So you see he is appreciated in foreign parts.

Allow me to wonder what has happened to you since I saw you last – nearly three weeks ago – and to hope that nothing has, on the whole. I am afraid you have been having a foggy life, but I trust that is the worst. You will soon be out of your tunnel –

lich bewirken, dass Sie noch freundlicher als sonst von mir denken.

Es gibt nichts wirklich Interessantes aus Paris zu berichten. Ich sah dort meine verschiedenen Freunde, fand aber, dass französisierte Amerikaner etwas recht armseliges sind. Sie essen und trinken sehr gut und wissen eine Menge über Petticoats und Nippes – *mais ils sont bien corrompus* – auch in einer schwachen Ausprägung. Ich ging zu einer französischen Abendgesellschaft und war beeindruckt vom Stil der Unterhaltung – d. h. von der Lebhaftigkeit, Schlagfertigkeit, Witzigkeit usw. der Leute. Sie kümmern sich, wenn sie sich unterhalten oder aufregen, nicht darum, wer zusieht oder zuhört, wie das die Engländer so häufig tun. Ich ging mehrere Male ins Theater – sah aber nur zwei Aufführungen von Belang: Alexander Dumas' neues Stück, der «Prinz von Bagdad», gänzlich gefühlsbetont und gewöhnlich, aber vorzüglich gespielt, und ein viel besseres Stück «Divorçons» von Sardou, im Palais Royal. Letzteres ist eine echte Komödie ohne das französische Moralisieren, vor dem uns der Himmel bewahren möge; wenn Sie zur Stelle gewesen wären, hätte ich wohl beinahe versucht, trotz der Unsauberkeit sowohl der Atmosphäre als auch des Stücks *de vous y attirer*.

Ich reise in ein paar Tagen nach Nizza, ich warte hier nur ab, bis der Karneval, der jetzt dort tobt, vorbei ist, da er, wie man mir erzählte, eine unerträgliche Menschenmenge und Toberei mit sich bringt. Danach werde ich mich wahrscheinlich nach Venedig verfügen. Ein Freund von mir, der mir vor kurzem aus Rom geschrieben hat, sagte, «Hamilton Aïdé ist hier so nett und frisch wie ein Gänseblümchen.» Sie sehen, er wird in der Fremde geschätzt.

Gestatten Sie mir, dass ich gerne wüsste, was sich bei Ihnen ereignet hat, seit ich Sie zuletzt gesehen habe – vor fast drei Wochen – und dass ich hoffe, es hat sich im großen und ganzen nichts ereignet. Ich fürchte, Sie haben ein Leben im Nebel geführt, aber bestimmt war es nichts Schlimmeres.

the vernal month of March is at hand. I shall write
to you after I get settled a little in Italy; and meanwhile, if you have the benevolence to address me,
please let it be to 3 Bolton St., W. I am afraid you
miss me, because I miss you: which makes me only
the more yours very faithfully

                                  Henry James Jr.

Bald werden Sie aus Ihrem Tunnel heraus sein – der Frühlingsmonat März steht bevor. Ich werde Ihnen schreiben, wenn ich mich in Italien ein wenig eingewöhnt habe. Und inzwischen, wenn Sie die Güte haben, mir zu schreiben, adressieren Sie bitte an 3 Bolten St., W. Ich fürchte, Sie vermissen mich, weil ich Sie vermisse: Um so mehr bin ich Ihr treuer
                                                        Henry James Jr.

John Murray
On the Threshold of the Pyrenees

Barèges, September 7, 1841 – Pau, whence my last letter was despatched to you, stands as it were on the threshold of the Pyrenees; and the view of the chain of *pics* and ridges, seen from the terrace called the Parc, is one of the finest in France – somewhat like that of the Alps, which we admired together at Berne. It does credit to the taste of the English that so many of them make Pau their place of residence. Its climate is delicious, and its winter is said to pass away without its usual accompaniments. Pau has only one object of interest in itself, that is, the fine old stately castle of the princes of Bèarn, in which Henri Quatre was born. The cradle in which he was rocked, the shell of a large tortoise suspended upside down, by cords like a scale for weighing, is still preserved. This venerable relic escaped destruction at the Revolution, like the statue at Charing Cross, by a zealous Royalist substituting for it another tortoiseshell, obtained from a cabinet of natural history, which was dragged through the streets and broken to pieces. The castle now belongs to Louis-Philippe, who, as usual, is restoring it in very good taste, and filling it with ancient furniture. (…)

In the view from Pau, one mountain in particular had attracted our attention by its striking form, and our first plunge into the mountains was to pay it a visit. It rises at the end of the Val d'Ossau, which we found to be one of the most interesting in the Pyrenees, both for its fine scenery and its inhabitants, who are a primitive race, retaining their ancient customs and costumes – the women wearing red

John Murray
An der Schwelle der Pyrenäen

Barèges, 7. September 1841 – Pau, von wo mein letzter Brief an Dich abging, liegt gewissermaßen an der Schwelle der Pyrenäen. Der Blick von der Terrasse, dem sogenannten Park, auf die Kette der Pics und Gebirgskämme, ist einer der schönsten in Frankreich – so etwa wie der Anblick der Alpen, den wir zusammen von Bern aus bewunderten. Es ehrt den Geschmack der Engländer, dass so viele von ihnen Pau zu ihrem Wohnort wählen. Das Klima ist köstlich, und die Winter, sagt man, vergehen hier ohne die üblichen Begleiterscheinungen. Pau selbst hat nur eine einzige Sehenswürdigkeit, das ist das schöne alte stattliche Schloss der Fürsten von Bèarn, wo Henri IV. geboren wurde. Die Wiege, in der er geschaukelt wurde – der Panzer einer großen Schildkröte, umgedreht wie eine Waagschale an Schnüren aufgehängt – ist noch erhalten. Dieser ehrwürdige Überrest entging der Zerstörung während der Revolution genauso wie das Standbild am Charing Cross durch einen überzeugten Königstreuen, der den Schildkrötenpanzer durch einen anderen aus einer naturhistorischen Sammlung ersetzte; dieser wurde durch die Straßen geschleift und in Stücke geschlagen. Das Schloss gehört jetzt Louis-Philippe, der es wie üblich mit sehr gutem Geschmack restauriert und mit altem Mobiliar ausstattet. (…)

Von Pau aus hat besonders ein Berg wegen seiner auffallenden Form unsere Aufmerksamkeit auf sich gezogen, und unser erster Ausflug in die Berge sollte ihm gelten. Er erhebt sich am Ende des Val d'Ossau, das wir als eines der interessantesten in den Pyrenäen erlebten, sowohl wegen seiner schönen Lage als auch wegen seiner Bewohner, einem urwüchsigen Menschenschlag, der seine alten Bräuche und Trachten beibehält. Die Frauen tragen rote Hauben,

hoods, called *capelets*, which I can compare only to bags unsewn along one side, drawn over the head, and descending below the shoulders, so that they serve for hat and cloak at once. The men wear broad brown caps, overhanging their brows, exactly like those worn by Scottish shepherds, brown jackets, tights, and stockings, all of the undyed black sheep's wool, and a scarlet sash round their waists. I saw among them many faces and figures which would have delighted an artist to paint.

There are two watering-places in this valley, and our first halt was made at that called Eaux Bonnes, a group of hotels and lodging-houses of large size, niched into a little nook or side valley, with precipices rising close behind the houses, as straight as their walls. I have no doubt the bears und wolves look down from above and see all that is going on below.

Perhaps you don't think there are many such animals. We had scarcely been half an hour in the place when we were roused by the noise of a number of shots, close at hand; and hastening to the spot to see what was the matter, we met descending the steep slope behind the chapel, the last building in the place, a singular procession. A wild-looking party of active peasants, in the brown berrets, jackets and stockings, I have described to you, their long locks cut away from their brows, but hanging down behind, below the neck, as is their fashion, armed with muskets and hatchets, one bearing a dead *izard*, or chamois, slung round his shoulders; another leading an animal, which it required some minutes to recognize. It was a donkey, not in a lion's but in a bears's skin, his long ears packed quite close under Bruin's small night-cap, and the broad *pattes* or feet of the deceased hanging and swinging most inconveniently about the ass's own hoofs.

capelets genannt, die ich nur mit Beuteln vergleichen kann, die an einer Seite nicht zugenäht sind, über den Kopf gezogen werden und bis zu den Schultern fallen, so dass sie zugleich als Hut und Umhang dienen. Die Männer tragen breite, braune Mützen, die über ihre Stirn herabhängen, genau wie die, die von schottischen Schafhirten getragen werden, sowie braune Jacken, Trikots und Strümpfe, alle aus der ungefärbten Wolle der schwarzen Schafe, und eine scharlachrote Schärpe um die Taille. Unter ihnen sah ich viele Gesichter und Gestalten, die ein Künstler begeistert gemalt hätte.

In diesem Tal gibt es zwei Badeorte. Unseren ersten Halt machten wir in Eaux Bonnes, einem Ort bestehend aus etlichen Hotels und Pensionen von beachtlicher Größe, die sich in eine kleine Talnische – oder ein Seitental – zwängen; dicht hinter den Häusern ragen steil wie deren Mauern die Berge auf. Ich habe keinen Zweifel, dass Bären und Wölfe von oben herabschauen und sehen, was da unten geschieht.

Du denkst vielleicht, dass es hier nicht viele solche Tiere gibt. Wir waren kaum eine halbe Stunde im Ort, als wir vom Lärm mehrerer Schüsse ganz in der Nähe aufgeschreckt wurden. Wir eilten an diese Stelle, um zu sehen, was los war, und trafen eine eigenartige Prozession, die vom steilen Abhang hinter der Kapelle, dem letzten Gebäude im Ort, herabstieg. Es war eine abenteuerlich aussehende Gruppe geschäftiger Bauern in braunen Baskenmützen, Jacken und Strümpfen, wie ich es Dir schon beschrieben habe, mit langen Locken, die vorn an der Stirn geschnitten waren, aber hinten bis in den Nacken hingen, wie es ihre Mode ist, mit Flinten und Beilen bewaffnet; der eine trug eine tote Izard oder Gemse um seine Schultern; ein anderer führte ein Tier, das zu erkennen man einige Minuten brauchte. Es war ein Esel, nicht in einem Löwen- sondern in einem Bärenfell; seine langen Ohren waren ganz dicht unter Petzens kleine Nachtmütze gepackt, und die breiten Pattes oder Tatzen des Verblichenen schlenkerten äußerst lästig um seine Hufe.

W. Somerset Maugham
Dance in Andalusia

Cervantes said that there was never born a Spanish woman but she was made to dance; and he might have added that in the South, at all events, most men share the enviable faculty. The dance is one of the most characteristic features of Andalusia, and as an amusement rivals in popularity even the bullfight. The Sevillans dance on every possible occasion, and nothing pleases them more than the dexterity of professionals. Before a company has been assembled half an hour some one is bound to suggest that a couple should show their skill; room is quickly made, the table pushed against the wall, the chairs drawn back, and they begin. Even when men are alone in a tavern, drinking wine, two of them will often enough stand up to tread a *seguidilla*. On a rainy day it is the entertainment that naturally recommends itself.

Riding through the villages round Seville on Sundays it delighted me to see little groups making a circle about the house doors, in the middle of which were dancing two girls in bright-coloured clothes, with roses in their hair. A man seated on a broken chair was twanging a guitar, the surrounders beat their hands in time and the dancers made music with their castanets. Sometimes on a feastday, I came across a little band, arrayed in all its best, that had come into the country for an afternoon's diversion, and sat on the grass in the shade of summer or in the wintry sun. Whenever Andalusians mean to make merry some one will certainly bring a guitar, or if not the girls have their castanets; and though even

W. Somerset Maugham
Tanz in Andalusien

Cervantes sagte, dass die spanischen Frauen nur zum Tanzen geboren werden; er hätte hinzufügen sollen, dass zumindest in Südspanien die meisten Männer diese beneidenswerte Begabung mit ihnen teilen. Der Tanz ist einer der typischsten Wesenszüge Andalusiens und wetteifert als Unterhaltung in der Beliebtheit sogar mit dem Stierkampf. Die Leute von Sevilla tanzen bei jeder Gelegenheit, und nichts gefällt ihnen mehr als die Gewandtheit der Berufstänzer. Eine Gesellschaft ist noch keine halbe Stunde beisammen, da muss irgendeiner vorschlagen, dass ein Paar sein Können zeigt; schnell wird Platz gemacht, der Tisch an die Wand gerückt, die Stühle zurückgeschoben – und sie beginnen. Sogar wenn nur Männer in einer Schenke beim Wein sitzen, stehen oft genug zwei von ihnen auf, um eine *seguidilla* zu stampfen. An einem Regentag ist das ein Vergnügen, das sich natürlich selbst empfiehlt.

Wenn ich an Sonntagen durch die Dörfer in der Umgebung von Sevilla ritt, sah ich gern den kleinen Gruppen zu, wie sie vor den Haustoren einen Kreis bildeten, in dessen Mitte zwei Mädchen in bunten Kleidern mit Rosen im Haar tanzten. Ein Mann auf einem kaputten Stuhl klimperte auf einer Gitarre, die Umstehenden klatschten rhythmisch in die Hände, und die Tänzer machten mit ihren Kastagnetten Musik. An Festtagen traf ich manchmal auf eine kleine, fabelhaft herausgeputzte Musik-Kapelle, die zu einer Nachmittagsunterhaltung aufs Land gekommen war und nun im Grünen saß, im sommerlichen Schatten oder in der Wintersonne. Immer wenn Andalusier fröhlich sein wollen, bringt gewiss irgendwer eine Gitarre mit; wenn nicht, haben die Mädchen ihre Kastagnetten; und wenn auch

these are wanting and no one can be induced to sing, a rhythmical clapping of hands will be sufficient accompaniment, and the performers will snap their fingers in lieu of castanets.

It is charming then to see the girls urge one another to dance; each vows with much dramatic gesture that she cannot, calling the Blessed Virgin to witness that she has strained her ankle and has a shocking cold. But some youth springs up and volunteers, inviting a particular damsel to join him. She is pushed forward, and the couple take their places. The man carefully puts down his cigarette, jams his broad-brimmed hat on his head, buttons his short coat and arches his back! The spectators cry: "*Ole!*" The girl passes an arranging hand over her hair. The measure begins. The pair stand opposite one another, a yard or so distant, and foot it in accordance with one another's motions. It is not a thing of complicated steps, but, as one might expect from its Moorish origin, of movements of the body. With much graceful swaying from side to side the executants approach and retire, and at the middle of the dance change positions. It finishes with a great clapping of hands, the maiden sinks down among her friends and begins violently to fan herself, while her partner, with a great affectation of nonchalance, takes a seat and relights his cigarette. (...)

I remember one dancer who was really a great artist. She was ill-favoured, of middle age, thin; but every part of her was imbued with grace, expressive, from the tips of her toes to the tips of her fingers. The demands of the public sometimes forced upon her odious ballet-skirts, sometimes she wasted her talent on the futilities of skirt-dancing; but chiefly she loved the national measures, and her phenomenal

diese fehlen und niemand zum Singen zu bewegen ist, genügt das rhythmische Händeklatschen als Begleitung, und die Tänzer schnalzen statt mit Kastagnetten mit den Fingern.

Es ist amüsant, wenn man sieht, wie die Mädchen sich gegenseitig zureden, doch zu tanzen; jede schwört mit übertriebener Geste, dass sie nicht tanzen kann, und ruft die Heilige Jungfrau als Zeugin an, dass sie schrecklich erkältet und ihr Knöchel verstaucht ist. Aber irgendein Jüngling springt auf und erbietet sich und fordert ein bestimmtes Fräulein auf, mit ihm zu kommen. Sie wird vorwärts geschoben und das Paar stellt sich auf. Der Mann legt sorgfältig seine Zigarette ab, drückt seinen breitkrempigen Hut fester auf den Kopf, knöpft seine kurze Weste zu und biegt seinen Rücken durch. Die Zuschauer rufen: «*Olé!*» Das Mädchen streicht sich mit der Hand übers Haar. Der Rhythmus setzt ein. Das Paar steht sich im Abstand von etwa einem Meter gegenüber und setzt die Füße übereinstimmend mit denselben Bewegungen. Es geht nicht um schwierige Schrittfolgen, sondern, wie es dem maurischen Ursprung nach zu erwarten ist, um Körperbewegungen. Mit anmutigem Wiegen von einer Seite zur anderen nähern und entfernen sich die Tänzer, und nach der Hälfte des Tanzes tauschen sie die Plätze. Der Tanz endet mit kräftigem Händeklatschen, das Mädchen läßt sich zwischen ihren Freundinnen nieder und beginnt sich heftig zu fächeln, während ihr Partner mit einer großen Geste der Lässigkeit Platz nimmt und seine Zigarette neu anzündet. (...)

Ich erinnere mich an eine Tänzerin, die wirklich eine große Künstlerin war. Sie war unansehnlich, nicht mehr jung, mager; aber alles an ihr, von den Zehen- bis zu den Fingerspitzen, war erfüllt von ausdrucksvoller Anmut. Die Wünsche des Publikums erzwangen manchmal ihr abscheuliches Tutu, manchmal vergeudete sie ihr Talent mit den Nichtigkeiten des Schlangentanzes; aber sie liebte vor allem die Volkstänze und wegen ihrer außergewöhnlichen Mager-

leanness made her only comfortable in the national dress. She travelled from place to place in Spain with another woman whom she had taught to dance, and whose beauty she used cleverly as a foil to her own uncomeliness; and so wasted herself in these low resorts, earning hardly sufficient to keep body and soul together. I wish I could remember her name.

When she began to dance you forgot her ugliness; her gaunt arms gained shape, her face was transfigured, her dark eyes flashed, and her mouth and smile said a thousand eloquent things. Even the nape of her neck, which in most women has no significance, with her was expressive. A consummate actress, she exhibited all her skill in the *bolero*, which represents a courtship; she threw aside the castanets and wrapped herself in a *mantilla*, while her companion, dressed as a man, was hidden in a *capa*. The two passed one another, he trying to see the lady's face, which she averted, but not too strenuously; he pursued, she fled, but not too rapidly. Dropping his cloak, the lover attacked with greater warmth, while alternately she repelled and lured him on. At last she too cast away the *mantilla*. They seized the castanets and danced round one another with all manner of graceful and complicated evolutions, making love, quarrelling, pouting, exhibiting every variety of emotion. The dance grew more passionate, the steps flew faster, till at last, with the music, both stopped suddenly dead still. This abrupt cessation is one of the points most appreciated by a Spanish audience. "*Ole!*" they cry, "*bien parado!*"

But when, unhampered by a partner, this nameless, exquisite dancer gave full play to her imagination, there was no end to the wildness of her fancy,

keit war sie nur in der Volkstracht ein überzeugender Anblick. Sie reiste in Spanien von Ort zu Ort zusammen mit einer Frau, der sie Tanzunterricht gegeben hatte und mit deren Schönheit sie klug von ihrer eigenen Unzulänglichkeit ablenkte; so verausgabte sie sich in diesen anspruchslosen Orten und verdiente kaum genug, um Leib und Seele zusammenzuhalten. Ich wünschte, ich wüsste noch ihren Namen.

Wenn sie zu tanzen begann, vergaß man ihre Hässlichkeit; ihre mageren Arme bekamen Gestalt, ihr Gesicht war verklärt, ihre dunklen Augen blitzten, und ihr Mund und ihr Lächeln erzählten beredt von tausend Dingen. Sogar der Nacken, der bei den meisten Frauen bedeutungslos ist, war bei ihr ausdrucksvoll. Beim *bolero*, der das Liebeswerben darstellt, zeigte sie als vollendete Schauspielerin ihr ganzes Können; sie warf ihre Kastagnetten beiseite und hüllte sich in eine *mantilla*, während ihre Partnerin als Mann verkleidet in einer *capa* verborgen war. Die beiden bewegten sich aneinander vorbei; er versuchte, das Gesicht der Dame zu sehen, das sie nicht allzu angestrengt abwandte; er verfolgte sie, sie floh nicht allzu hastig. Der Werbende ließ seinen Umhang fallen und griff feuriger an, während sie ihn abwechselnd zurückwies und lockte. Schließlich warf auch sie ihre *mantilla* fort. Sie nahmen beide ihre Kastagnetten und tanzten mit allen möglichen anmutigen und verwickelten Ausdrucksformen umeinander herum, sie liebten sich, sie stritten sich und schmollten und zeigten eine ganze Palette von Gefühlen. Der Tanz wurde leidenschaftlicher, die Schritte wurden schneller, bis schließlich beide, zugleich mit der Musik, abrupt innehielten, totenstill. Dieses plötzliche Aufhören ist eine der Posen, die die spanischen Zuschauer am meisten schätzen. «*Olé!*», rufen sie, «*bien parado!*»

Aber wenn diese namenlose außerordentliche Tänzerin – ungehindert von einem Partner – ihre Vorstellungskraft frei spielen ließ, nahmen die Wildheit ihrer Darstellung, die

to the intricacy and elaboration of her measures, to the gay audacity of her movements. She performed a hundred feats, each more difficult than the other – and all impossible to describe.

Kniffligkeit und Ausgestaltungen ihrer Taktwechsel und die fröhliche Keckheit ihrer Bewegungen kein Ende. Sie vollführte hundert Kunststücke, eines schwieriger als das andere, und alle waren unbeschreiblich.

George Borrow
Arrival in Tangier

We were now close to the lighthouse of Tarifa, and turning the head of the bark towards the west, we made directly for the coast of Africa. The wind was now blowing very fresh, and as we had it almost in our poop, we sprang along at a tremendous rate, the huge latine sails threatening every moment to drive us beneath the billows, which an adverse tide raised up against us. Whilst scudding along in this manner, we passed close under the stern of a large vessel bearing American colours; she was tacking up the straits, and slowly winning her way against the impetuous Levanter. As we passed under her, I observed the poop crowded with people gazing at us; indeed, we must have offered a singular spectacle to those on board, who, like my young American friend at Gibraltar, were visiting the Old World for the first time. At the helm stood the Jew; his whole figure enveloped in a gabardine, the cowl of which, raised above his head, gave him almost the appearance of a spectre in its shroud; whilst upon the deck, mixed with Europeans in various kinds of dresses, all of them picturesque with the exception of my own, trod the turbaned Moors, the *haik* of the *haji* flapping loosely in the wind. The view they obtained of us, however, could have been but momentary, as we bounded past them literally with the speed of a racehorse, so that in about an hour's time we were not more than a mile's distance from the foreland on which stands the fortress Alminàr, and which constitutes the boundary point of the bay of Tangier towards the east. There the wind dropped and our progress was again slow.

George Borrow
Ankunft in Tanger

Wir waren nun nahe beim Leuchtturm von Tarifa und steuerten, die Spitze der Barke nach Westen gedreht, direkt auf die afrikanische Küste zu. Der Wind blies jetzt sehr frisch, und als wir ihn fast aufs Heck bekamen, sausten wir mit einer ungeheuren Geschwindigkeit dahin; die riesigen lateinischen Segel drohten uns jeden Augenblick unter die Wogen zu treiben, die eine gegenläufige Dünung vor uns auftürmte. Während wir so dahinjagten, kamen wir dicht am Heck eines mächtigen Schiffes vorbei, das die amerikanische Flagge trug; es kreuzte durch die Meerenge und kam gegen den heftigen Levante-Wind nur langsam voran. Als wir unter ihm vorbeifuhren, sah ich das Heck vollbesetzt mit Leuten, die uns anstarrten; wir müssen denen dort an Bord, die wie mein junger amerikanischer Freund in Gibraltar vielleicht zum ersten Mal die Alte Welt besuchten, wirklich ein seltenes Schauspiel geboten haben: Am Steuer stand der Jude; seine ganze Gestalt war in einen Kaftan gehüllt, dessen Kapuze über den Kopf gezogen war; so sah er beinahe aus wie ein Gespenst im Leichentuch. Und an Deck bewegten sich mitten unter den sehr unterschiedlich und außer mir recht bunt gekleideten Europäern die Mauren mit ihren Turbanen, und der Kopfputz des Mekkapilgers flatterte lose im Wind. Das Bild, das sie von uns hatten, kann jedoch nur ein flüchtiger Eindruck gewesen sein, weil wir buchstäblich mit der Geschwindigkeit eines Rennpferdes an ihnen vorbeisprangen, so dass wir nach etwa einer Stunde nur noch eineinhalb Kilometer vom Vorgebirge mit der Festung Almìnàr entfernt waren, dem östlichen Begrenzungspunkt der Bucht von Tanger. Hier flaute der Wind ab, und wir kamen wieder nur langsam voran.

For a considerable time Tangier had appeared in sight. Shortly after standing away from Tarifa, we had descried it in the far distance, when it showed like a white dove brooding on its nest. The sun was setting behind the town when we dropped anchor in its harbour, amidst half a dozen barks and felouks about the size of our own, the only vessels which we saw. There stood Tangier before us, and a picturesque town it was, occupying the sides and top of two hills, one of which, bold and bluff, projects into the sea where the coast takes a sudden and abrupt turn. Frowning and battlemented were its walls, either perched on the top of precipitous rocks, whose base was washed by the salt billows, or rising from the narrow strand which separates the hill from the ocean.

Yonder are two or three tiers of batteries, displaying heavy guns, which command the harbour; above them you see the terraces of the town rising in succession like steps for giants. But all is white, perfectly white, so that the whole seems cut out of an immense chalk rock, though true it is that you behold here and there tall green trees springing up from amidst the whiteness: perhaps they belong to Moorish gardens, and beneath them even now peradventure is reclining many a dark-eyed Leila, akin to the *houris*. Right before you is a high tower, or minaret, not white but curiously painted, which belongs to the principal mosque of Tangier; a black banner waves upon it, for it is the feast of Ashor. A noble beach of white sand fringes the bay from the town to the foreland of Alminàr. To the east rise prodigious hills and mountains: they are Gibil Muza and his chain; and a tall fellow is the peak of Tetuan; the grey mists of evening are enveloping their sides. Such was Tangier, such its vicinity, as it appeared to me whilst gazing from the Genoese bark.

Tanger war schon längere Zeit zu sehen gewesen. Kurz nachdem wir in Tarifa abgelegt hatten, war es in weiter Entfernung aufgetaucht; da sah es aus wie eine weiße Taube, die auf ihrem Nest brütet. Die Sonne ging hinter der Stadt unter, als wir im Hafen zwischen einem halben Dutzend Barken und Feluken in der Größe der unseren – den einzigen Schiffen, die wir sahen – vor Anker gingen. Da lag Tanger vor uns, eine malerische Stadt, die sich über die Hänge und Kuppen zweier Hügel erstreckt, von denen einer dort, wo die Küste eine plötzliche und jähe Wendung macht, wuchtig und schroff ins Meer vorspringt. Ihre trutzigen, mit Zinnen besetzten Mauern thronen einerseits auf der Spitze steil abfallender Felsen, deren Sockel von den salzigen Wogen umspült werden, und erheben sich andererseits direkt vom schmalen Strand, der den Hügel vom Meer trennt.

Dort drüben sind zwei oder drei Reihen von Batterien, die schweres Geschütz zur Schau stellen und den Hafen beherrschen; darüber sieht man die Terrassen der Stadt nacheinander aufsteigen wie Stufen für einen Riesen. Und alles ist weiß, vollkommen weiß, so dass alles wie aus einem riesigen Kalkfelsen herausgeschnitten scheint, doch immerhin stechen da und dort hohe grüne Bäume vom Weiß ab; vielleicht gehören sie zu maurischen Gärten, in denen sich gerade manch eine dunkeläugige Leila, die von «houris» abstammt, rekeln mag. Rechts vor einem ist ein hoher Turm oder Minarett, nicht weiß, sondern seltsam bemalt, das zur Hauptmoschee von Tanger gehört; eine schwarze Fahne weht darauf, weil das Fest Ashor gefeiert wird. Ein schöner Strand mit weißem Sand säumt die Bucht von der Stadt bis zum Vorgebirge von Alminār. Gegen Osten erheben sich mächtige Hügel und Berge: der Gigil Muza und seine Kette, und ein langer Bursche ist die Spitze von Tetuan; die grauen Abendnebel hüllen ihre Abhänge ein. So stellte Tanger und seine engere Umgebung sich mir dar, während ich es von der genuesischen Barke aus betrachtete.

Having ascended the street in which the house of the consul was situated, we entered a small square which stands about half way up the hill. This, my companion informed me, was the *soc*, or marketplace. A curious spectacle here presented itself. All round the square were small wooden booths, which very much resembled large boxes turned on their sides, the lid being supported above by a string. Before each of these boxes was a species of counter, or rather one long counter ran in front of the whole line, upon which were raisins, dates, and small barrels of sugar, soap, and butter, and various other articles. Within each box, in front of the counter, and about three feet from the ground, sat a human being, with a blanket on its shoulder, a dirty turban on its head, and ragged trousers, which descended as far as the knee, though in some instances, I believe, these were entirely dispensed with. In its hand it held a stick, to the end of which was affixed a bunch of palm leaves, which it waved incessantly as a fan, for the purpose of scaring from its goods the million flies which, engendered by the Barbary sun, endeavoured to settle upon them. Behind it, and on either side, were piles of the same kind of goods. *Shrit hinai, shrit hinai*, was continually proceeding from its mouth. Such are the grocers of Tangier, such their shops.

In the middle of the *soc*, upon the stones, were pyramids of melons and *sandias*, and also baskets filled with other kinds of fruit, exposed for sale, whilst round cakes of bread were lying here and there upon the stones, beside which sat on their hams the wildest-looking beings that the most extravagant imagination ever conceived, the head covered with an enormous straw hat, at least two yards in circumference, the eaves of which, flapping down, completely concealed

Nachdem wir die Straße, in der das Haus des Konsuls stand, hinaufgegangen waren, kamen wir auf einen kleinen Platz, der auf halber Strecke zum Hügel liegt. Das war, wie mir mein Begleiter erklärte, der «soc» oder Marktplatz. Ein merkwürdiges Schauspiel bot sich uns hier. Rund um den Platz standen kleine hölzerne Buden, die genau so aussahen wie große auf die Seite gelegte Schachteln, deren Deckel mit einer Schnur hochgezogen sind. Vor jeder solchen Bude stand eine Art Ladentisch oder vielmehr: vor der ganzen Budenreihe stand ein langer Ladentisch und auf ihm lagen Rosinen, Datteln und kleine Fässer mit Zucker, Seife und Butter und verschiedene andere Dinge. In jeder Bude saß vor dem Tisch, etwa einen Meter über dem Boden, ein menschliches Wesen mit einer Wolldecke um die Schultern, einem schmutzigen Turban auf dem Kopf und in zerlumpten Hosen, die bis zu den Knien reichten, das heißt: in einigen Fällen waren, glaube ich, die Knie gar nicht bedeckt. In der Hand hielt dieses Wesen einen Stock, an dessen Ende ein Bündel Palmblätter befestigt war; mit dem wedelte es unaufhörlich wie mit einem Fächer, um die Millionen Fliegen zu verscheuchen, die von der barbarischen Sonne ausgebrütet worden waren und sich jetzt auf seinen Waren niederlassen wollten. Hinter ihm und zu beiden Seiten befanden sich Stapel mit denselben Waren. «Shrit hinai», kam es ständig aus seinem Mund. So sind die Krämer von Tanger, und so sind ihre Läden.

In der Mitte des «soc» waren, auf den Steinen, Pyramiden aus Melonen und «sandias» aufgebaut und wurden Körbe mit anderen Früchten zum Verkauf angeboten, während runde Brotkuchen hier und da auf den Steinen lagen; daneben hockten auf ihren Schenkeln die abenteuerlichsten Figuren, die sich die ausgefallenste Einbildung je vorgestellt hat; der Kopf war mit einem riesigen Strohhut von mindestens zwei Meter Umfang bedeckt, dessen Krempe herabhing und das Gesicht völlig verbarg, während die Gestalt in

the face, whilst the form was swathed in a blanket, from which occasionally were thrust skinny arms and fingers. These were Moorish women, who were, I believe, in all instances, old and ugly, judging from the countenances of which I caught a glimpse as they lifted the eaves of their hats to gaze on me as I passed, or to curse me for stamping on their bread. The whole *soc* was full of people, and there was abundance of bustle, screaming, and vociferation, and as the sun, though the hour was still early, was shining with the greatest brilliancy, I thought that I had scarcely ever witnessed a livelier scene.

eine Decke gewickelt war, aus der gelegentlich magere Arme und Finger hervorstießen. Das waren maurische Frauen, die, glaube ich, allesamt alt und hässlich waren, nach dem Aussehen zu schließen, von dem ich einen kurzen Blick erhaschen konnte, wenn sie die Hutkrempen hoben, um auf mich zu starren, wenn ich vorbeiging, oder um mich zu verfluchen, wenn ich auf ihr Brot getreten war. Der ganze «soc» war voller Menschen, und es war ein Übermaß an geschäftigem Treiben, Kreischen und Geschrei, und da die Sonne trotz der frühen Stunde in vollem Glanze strahlte, dachte ich, dass ich kaum je Zeuge eines lebendigeren Schauspiels gewesen war.

William Makepeace Thackeray
The Pyramids

There they lay, rosy and solemn in the distance – those old, majestical, mystical, familiar edifices. Several of us tried to be impressed; but breakfast supervening, a rush was made at the coffee and cold pies, and the sentiment of awe was lost in the scramble for victuals.

Are we so blasés of the world that the greatest marvels in it do not succeed in moving us? Have society, Pall Mall clubs, and a habit of sneering, so withered up our organs of veneration that we can admire no more? My sensation with regard to the Pyramids was, that I had seen them before: then came a feeling of shame that the view of them should awaken no respect. Then I wanted (naturally) to see whether my neighbours were any more enthusiastic than myself – Trinity College, Oxford, was busy with the cold ham: Downing Street was particularly attentive to a bunch of grapes: Figtree Court behaved with decent propriety; he is in good practice, and of a Conservative turn of mind, which leads him to respect from principle *les faits accomplis*: perhaps he remembered that one of them was as big as Lincoln's Inn Fields. But, the truth is, nobody was seriously moved. And why should they, because of an exaggeration of bricks ever so enormous? I confess, for my part, that the Pyramids are very big. (…)

We passed through the Ezbekieh and by the suburbs of the town, where the garden-houses of the Egyptian noblesse are situated, to Old Cairo, where a ferry-boat took the whole party across the Nile, with that noise and bawling volubility in which the Arab people

William Makepeace Thackeray
Die Pyramiden

Rosafarben und feierlich liegen sie dort in der Ferne – diese alten, erhabenen, geheimnisvollen, wohlbekannten Bauwerke. Einige von uns versuchten beeindruckt zu sein; aber das Frühstück mit dem Ansturm auf Kaffee und kalte Pastete kam dazwischen, und das Gefühl von Ehrfurcht ging in der Drängelei ums Essen verloren.

Sind wir so hochmütig, dass uns die größten Weltwunder nicht rühren können? Haben Gesellschaft, Pall Mall Clubs und Spottlust unseren Sinn für Bewundernswertes so vertrocknen lassen, dass wir uns nicht mehr begeistern können? Meine Empfindung von den Pyramiden war, dass ich sie schon einmal gesehen habe; dann überkam mich Schamgefühl, weil ihr Anblick keine Ehrfurcht in mir weckte. Dann wollte ich natürlich sehen, ob meine Nachbarn mehr beeindruckt waren als ich – Trinity College, Oxford, war mit dem Schinken beschäftigt. Downing Street war besonders aufmerksam einer Weintraube zugewandt. Figtree Court benahm sich angemessen schicklich; er hat große Erfahrung und seine konservative Denkweise bringt ihn dazu, vollendete Tatsachen grundsätzlich zu achten; vielleicht dachte er daran, dass eine der Pyramiden so groß wie Lincoln's Inn Fields war. Die Wahrheit ist, dass niemand ernstlich berührt war. Warum sollten sie auch wegen eines noch so gewaltigen Steinhaufens ernstlich berührt sein? Ich meinerseits gestehe, dass die Pyramiden sehr groß sind. (...)

Wir kamen durch das Ezbekieh und an den Vorstädten, wo die Landhäuser der vornehmen Ägypter liegen, vorbei nach Alt-Kairo; dort setzte eine Fähre die ganze Gruppe über den Nil, mit allem Lärm und sprudelndem Redeschwall, der die Araber so anders als die ernsten und ruhigen Türken er-

seem to be so unlike the grave and silent Turks; and so took our course for some eight or ten miles over the devious tract which the still outlying waters obliged us to pursue. The Pyramids were in sight the whole way. One or two thin, silvery clouds were hovering over them, and casting delicate, rosy shadows, upon the grand, simple, old piles. Along the track we saw a score of pleasant pictures of Eastern life: – The Pasha's horses and slaves stood caparisoned at his door; at the gate of one country-house, I am sorry to say, the Bey's *gig* was in waiting – a most unromantic chariot: the husbandmen were coming into the city, with their strings of donkeys and their loads; as they arrived, they stopped and sucked at the fountain: a column of red-capped troops passed to drill, with slouched gait, white uniforms, and glittering bayonets.

Then we had the pictures at the quay: the ferry-boat, and the red-sailed river boat, getting under weigh, and bound up the stream. There was the grain market, and the huts on the opposite side; and that beautiful woman, with silver armlets, and a face the colour of gold, which (the nosebag having been luckily removed) beamed solemnly on us Europeans, like a great yellow harvest moon. The bunches of purpling dates were pending from the branches; gray cranes or herons were flying over the cool, shining lakes, that the river's overflow had left behind; water was gurgling through the courses by the rude locks and barriers formed there, and overflowing this patch of ground; whilst the neighbouring field was fast budding into the more brilliant fresh green. Single dromedaries were stepping along, their riders rolling on their haunches; low sail-boats were lying in the canals; now, we crossed an old marble bridge; now, we went, one by one, over a ridge of slippery earth; now, we

scheinen lässt. So ging es etwa zehn bis fünfzehn Kilometer weiter auf einem Umweg, den wir wegen der noch verbliebenen Überschwemmungen zu nehmen gezwungen waren. Die Pyramiden waren die ganze Zeit zu sehen. Ein oder zwei zarte silbrige Wolken schwebten über ihnen und warfen feine rosa Schatten auf die großen, schlichten, alten Bauwerke. Unterwegs sahen wir viele reizvolle Szenen orientalischen Lebens: Die Pferde und Sklaven des Pascha standen mit Schabracken geschmückt vor seinem Tor; am Gartentor eines der Landhäuser wartete der Einspänner des Bey – ich muss leider sagen: ein äußerst prosaisches Gefährt. Die Bauern kamen mit ihren Eselsgespannen und Lasten in die Stadt; sobald sie ankamen, hielten sie an und labten sich am Brunnen; eine Soldatenkolonne mit roten Mützen, weißen Uniformen und glänzenden Bajonetten zog zum Exerzieren.

Dann die Bilder am Kai: die Fähre, das Flussboot mit den roten Segeln, das gerade den Anker lichtete und den Strom hinaufschoss. Dort war der Getreidemarkt und die Hütten auf der gegenüberliegenden Seite; und diese wunderschöne Frau mit silbernen Armreifen und goldbraunem Gesicht (der Schleier war glücklicherweise zurückgeschlagen), das feierlich auf uns Europäer strahlte wie ein großer gelber Ernte-Mond. Die Büschel der purpurnen Datteln baumelten von den Zweigen, graue Kraniche oder Reiher flogen über die kühlen, schimmernden Seen, die das Hochwasser des Flusses zurückgelassen hatte; Wasser gluckerte durch die Rinnen, die von kunstlosen Schleusen und Hindernissen gebildet wurden und überflutete dieses Stück Land – während auf dem angrenzenden Feld rasch herrliches frisches Grün zu sprießen begann. Einzelne Dromedare zogen dahin mit ihren Reitern, die sich in den Hüften wiegten; einfache Segelboote lagen in den Kanälen. Bald querten wir eine alte Marmorbrücke, bald gingen wir im Gänsemarsch über einen Feldrain mit glitschiger Erde, bald müh-

floundered through a small lake of mud. At last, at about half a mile off the Pyramid, we came to a piece of water some two score yards broad, where a regiment of half-naked Arabs, seizing upon each individual of the party, bore us off on their shoulders, to the laughter of all, and the great perplexity of several, who every moment expected to be pitched into one of the many holes with which the treacherous lake abounded.

It was nothing but joking and laughter, bullying of guides' shouting for interpreters, quarrelling about sixpence. We were acting a farce, with the Pyramids for the scene. There they rose up enormous under our eyes, and the most absurd, trivial things were going on under their shadow. The sublime had disappeared, vast as they were. Do you remember how Gulliver lost his awe of the tremendous Brobdingnag ladies? Every traveller must go through all sorts of chaffering, and bargaining, and paltry experiences, at this spot. You look up the tremendous steps, with a score of savage ruffians bellowing round you; you hear faint cheers and cries high up, and catch sight of little reptiles crawling upwards; or, having achieved the summit, they come hopping and bouncing down again from degree to degree, – the cheers and cries swell louder and more disagreeable; presently the little jumping thing, no bigger than an insect a moment ago, bounces down upon you expanded into a panting Major of Bengal cavalry. He drives off the Arabs with an oath, – wipes his red, shining face with his yellow handkerchief, drops puffing on the sand in a shady corner, where cold fowl and hard eggs are awaiting him, and the next minute you see his nose plunged in a foaming beaker of brandy and soda-water. He can say now, and forever, he has been up

ten wir uns durch einen kleinen Schlammtümpel. Ungefähr einen Kilometer vor der Pyramide kamen wir schließlich an eine 350 Meter breite Wasserstelle, wo eine Schar halbnackter Araber je einen aus unserer Gruppe packte und hochhob. Sie trugen uns auf ihren Schultern zum Gelächter aller und zur großen Verunsicherung einiger, die jeden Augenblick damit rechneten, in eine der zahlreichen tiefen Stellen, die der heimtückische See hatte, fallen gelassen zu werden.

Es gab nichts als Spaß und Gelächter, lärmende Führer, die nach Dolmetschern riefen, Gezänk wegen ein paar Groschen. Wir führten eine Posse auf mit den Pyramiden als Kulisse. Während sie vor unseren Augen gewaltig aufragten, ereigneten sich in ihrem Schatten die lächerlichsten, bedeutungslosesten Dinge. Das Erhabene war verschwunden, so gewaltig sie auch waren. Erinnerst Du Dich, wie Gulliver seine Furcht vor den schrecklichen Brobdingnag-Damen verlor? Hier an dieser Stelle muss jeder Reisende alle möglichen Arten von Feilschen, Handeln und erbärmlichen Erfahrungen über sich ergehen lassen. Du schaust die riesigen Stufen hinauf und rund um dich herum brüllt eine Menge roher Kerle. Du hörst hoch oben schwaches Gejohle und Rufen und siehst einen Augenblick lang kleine Reptile aufwärts krabbeln; wenn sie die Spitze erreicht haben, kommen sie hüpfend und polternd Stufe für Stufe wieder herunter – Gejohle und Geschrei schwellen an und werden noch unerträglicher; das kleine hüpfende Etwas, das einen Augenblick zuvor nicht größer als ein Käfer war, stürmt zu Dir herunter und entpuppt sich als ein keuchender Major der Bengalischen Reiterei. Er verscheucht die Araber mit einem Fluch, wischt sein rotes, glänzendes Gesicht mit seinem gelben Taschentuch, sackt schnaubend in einer schattigen Ecke in den Sand, wo ihn kaltes Geflügel und harte Eier erwarten, und im nächsten Augenblick siehst du seine Nase in einen schäumenden Becher voll Brandy mit Sodawasser tauchen. Er

the Pyramid. There is nothing sublime in it. You cast your eye once more up that staggering perspective of a zigzag line, which ends at the summit, and wish you were up there – and down again. Forwards! – up with you! It must be done. Six Arabs are behind you, who won't let you escape if you would.

kann ein für allemal sagen, dass er auf der Pyramide war. Daran ist nichts erhaben. Du blickst diese gestaffelte Zickzack-Linie, die an der Spitze endet, hinauf und wünschst, Du wärst dort oben – und wieder unten. Vorwärts – hinauf mit Dir! Es muss sein. Sechs Araber sind hinter Dir, die Dich nicht entkommen lassen, auch wenn Du wolltest.

Walter Scott
Etna, Graham's, Vesuvius

On board, November 20 – A fair wind all night, running at the merry rate of nine knots an hour. In the morning we are in sight of the highest island, Pantelleria, which the Sicilians use as a state prison, a species of Botany Bay. We are about thirty miles from the burning island – I mean Graham's – but neither that nor Etna make their terrors visible. At noon Graham's Island appears, greatly diminished since last accounts. We got out the boats and surveyed this new production of the earth with great interest. Think I have got enough to make a letter to our Royal Society and friends at Edinburgh. Lat. 37° 10′ 31″ N., long. 12° 40′ 15″ E., lying north and south by compass, by Mr. Bokely, the Captain's clerk's measurements. Returned on board at dinner-time.

Naples, December 10 – I ought to say that before leaving Malta I went to wait on the Archbishop: a fine old gentleman, very handsome, and one of the priests who commanded the Maltese in their insurrection against the French. I took the freedom to hint that as he had possessed a journal of this blockade, it was but due to his country and himself to give it to the public, and offered my assistance. He listened to my suggestion, and seemed pleased with the proposal, which I repeated more than once, and apparently with success. Next day the Bishop returned my visit in full state, attended by his clergy, and superbly dressed in costume, the pearls being very fine. (The

Walter Scott
Ätna, Graham, Vesuv

An Bord, 20. November 1831 – Die ganze Nacht blies ein starker Wind, der gut und gern neun Knoten in der Stunde erreichte. Am Morgen kamen wir in Sichtweite der höchsten Insel, Pantelleria, die von den Sizilianern als Staatsgefängnis genutzt wird, der reinste botanische Garten. Wir sind etwa 50 km von der glühenden Insel entfernt – ich meine die Insel «Graham» – aber weder dieser Vulkan noch der Ätna zeigt seine Schrecken. Um die Mittagszeit kommt Graham in Sicht; sie ist seit den letzten Berichten stark verkleinert. Wir stiegen aus den Booten und besichtigten diese neue Hervorbringung der Erde mit großem Interesse. Ich glaube, dass ich genug Material habe, um einen Brief an die Royal Society und die Freunde in Edinburgh zu schreiben. Nach Messungen von Mr. Bokely, dem Mitarbeiter des Kapitäns, ist die Position 37 Grad 10' 31" nördlicher Breite und 12 Grad 40' 15" östlicher Länge. Wir kamen zur Tischzeit wieder an Bord.

Neapel, 10. Dezember – Ich sollte eigentlich noch vermerken, dass ich, bevor ich Malta verließ, dem Erzbischof meine Aufwartung gemacht habe. Er ist ein vornehmer, sehr ansehnlicher alter Herr, einer der Priester, die die Malteser bei ihrem Aufstand gegen die Franzosen befehligt haben. Ich nahm mir die Freiheit, darauf hinzuweisen, dass er es seinem Land und sich selber schuldig sei, den Bericht über die Blockade, den er besitze, zu veröffentlichen, und erbot mich, ihm behilflich zu sein. Er hörte sich meinen Vorschlag an und schien über mein Angebot erfreut, das ich mehrmals wiederholte – offenbar mit Erfolg. Am nächsten Tag erwiderte der Bischof meinen Besuch ganz offiziell, begleitet von seinen Geistlichen, in vollem Ornat mit sehr schönen Perlen. (Der

name of this fine old dignitary of the Romish Church is Don Francis Caruana, Bishop of Malta.)

The last night we were at Malta we experienced a rude shock of an earthquake, which alarmed me, though I did not know what it was. It was said to foretell that the ocean, which had given birth to Graham's Island, had, like Pelops, devoured its own offspring, and we are told it is not now visible, and will be, perhaps, hid from those who risk the main; but as we did not come near its latitude we cannot say from our own knowledge that the news is true.

December 13 – We left Malta on this day, and after a most picturesque voyage between the coast of Sicily and Malta arrived here on the 17th, where we were detained for quarantine, whence we were not dismissed till the day before Christmas. I saw Charles, to my great joy, and agreed to dine with his master, Right Hon. Mr. Hill, resolving it should be my first and last engagement at Naples. Next morning much struck with the beauty of the Bay of Naples. It is insisted that my arrival has been a signal for the greatest eruption from Vesuvius which that mountain has favoured us with for many a day. I can only say, as the Frenchman said of the comet supposed to foretell his own death, *"Ah, messieurs, la comète me fait trop d'honneur."* Of letters I can hear nothing. There are many English here, of most of whom I have some knowledge.

Name dieses vornehmen alten Würdenträgers der Römischen Kirche ist Don Francis Caruana, Bischof von Malta.)

In der letzten Nacht auf Malta erlebten wir einen heftigen Schock durch ein Erdbeben; es schreckte mich auf, doch ich wusste erst nicht, was es war. Man sagte, es sei vorherzusehen gewesen, dass der Ozean, der die Graham-Inseln hervorgebracht hat, genau wie Pelops sein eigenes Erzeugnis wieder verschlungen habe. Es heißt, die Insel sei jetzt nicht zu sehen und bliebe vielleicht auch denen verborgen, die sich aufs Meer hinaus wagten. Da wir aber nicht in die Nähe ihres Breitengrades kamen, können wir nicht selber bezeugen, ob die Nachricht stimmt.

13. Dezember – An diesem Tag verließen wir Malta und kamen nach einer sehr malerischen Fahrt zwischen Sizilien und Malta am 17. hier an, wo wir wieder unter Quarantäne gestellt wurden, aus der wir erst einen Tag vor Weihnachten entlassen werden. Zu meiner großen Freude sah ich Charles und nahm eine Einladung zu einem Essen mit seinem Vorgesetzten an, dem sehr ehrenwerten Mr. Hill; ich entschied, dass das meine erste und letzte gesellschaftliche Verpflichtung in Neapel sein sollte. Am nächsten Morgen war ich von der Schönheit der Bucht von Neapel sehr begeistert. Man besteht hier darauf, dass meine Ankunft ein Signal für den größten Ausbruch sei, mit dem der Vesuv uns seit langer Zeit beehrt hat. Ich kann nur wiederholen, was ein Franzose über einen Komet sagte, der angeblich seinen Tod ankündigte: «Oh, meine Herren, der Komet erweist mir zu viel Ehre.» Von Briefen höre ich hier nichts. Es sind viele Engländer hier; die meisten sind mir irgendwie bekannt.

John Galt
A Disaster of Byron at Malta

I shall always remember Cagliari with particular pleasure; for it so happened that I formed there three of the most agreeable acquaintances of my life, and one of them was with Lord Byron; for although we had been eight days together, I yet could not previously have accounted myself acquainted with his Lordship.

After dinner, we all went to the theatre, which was that evening, on account of some Court festival, brilliantly illuminated. The Royal Family were present, and the opera was performed with more taste and execution than I had expected to meet with in so remote a place, and under the restrictions which rendered the intercourse with the Continent then so difficult. (...)

When the performance was over, Mr. Hill came down with Lord Byron to the gate of the upper town, where his Lordship, as we were taking leave, thanked him with more elocution than was precisely requisite. The style and formality of the speech amused Mr. Hobhouse, as well as others; and, when the minister retired, he began to rally his Lordship on the subject. But Byron really fancied that he had acquitted himself with grace and dignity, and took the jocularity of his friend amiss – a little banter ensued – the poet became petulant, and Mr. Hobhouse walked on; while Byron, on account of his lameness, and the roughness of the pavement, took hold of my arm, appealing to me, if he could have said less, after the kind and hospitable treatment we had all received. Of course, though I thought pretty much as Mr. Hobhouse did, I could not do otherwise than civilly assent, especially as his

John Galt
Lord Byrons Pech auf Malta

An Cagliari werde ich mich immer mit besonderem Vergnügen erinnern, denn ich machte dort zufällig drei der angenehmsten Bekanntschaften in meinem Leben. Eine davon war die mit Lord Byron; obwohl wir schon acht Tage gleichzeitig dort waren, konnte ich mich doch nicht eher mit seiner Lordschaft bekannt machen.

Nach dem Essen gingen wir alle ins Theater, das an diesem Abend wegen eines Hof-Festes herrlich von Lichtern funkelte. Die königliche Familie war anwesend, und die Oper wurde mit mehr Geschmack und aufwendigerer Ausstattung aufgeführt, als ich das an einem so entlegenen Ort und unter den Beschränkungen, die den Verkehr mit dem Festland so schwierig gestalten, erwartet hatte. (...)

Als die Aufführung zu Ende war, begleitete Mr. Hill Lord Byron zum oberen Stadttor, wo seine Lordschaft ihm, als wir Abschied nahmen, mit mehr Überschwang dankte, als eigentlich angebracht war. Der Stil und die Förmlichkeit der Rede belustigte Mr. Hobhouse ebenso wie einige andere, und als sich der Botschafter zurückgezogen hatte, begann Hobhouse seine Lordschaft deshalb zu necken. Doch Byron glaubte wirklich, dass er sich mit Anmut und Würde benommen habe, und nahm die Neckerei seines Freundes übel – ein kleiner Wortwechsel folgte – der Dichter wurde verdrießlich, und Mr. Hobhouse ging weg; Byron nahm nun wegen seiner Gehbehinderung und des holprigen Pflasters meinen Arm und drang in mich, ob er nach der liebenswürdigen und gastfreundlichen Behandlung, die wir alle erfahren hatten, denn weniger hätte sagen können. Obwohl ich ziemlich genauso dachte wie Mr Hobhouse, konnte ich natürlich nicht anders, als ihm artig recht zu geben, besonders weil das Wohlbe-

Lordship's comfort, at the moment, seemed in some degree dependent on being confirmed in the good opinion he was desirous to entertain of his own courtesy. From that night I evidently rose in his good graces; and, as he was always most agreeable and interesting when familiar, it was worth my while to advance, but by cautious circumvallations, into his intimacy; for his uncertain temper made his favour precarious.

The next morning, either owing to the relaxation of his abstinence, which he could not probably well avoid amid the good things of the ambassadorial table; or, what was, perhaps, less questionable, some regret for his petulance towards his friend, he was indisposed, and did not make his appearance till late in the evening. I rather suspect, though there was no evidence of the fact, that Hobhouse received any concession which he may have made with indulgence; for he remarked to me, in a tone that implied both forbearance and generosity of regard, that it was necessary to humour him like a child. But, in whatever manner the reconciliation was accomplished, the passengers partook of the blessings of the peace. Byron, during the following day, as we were sailing along the picturesque shores of Sicily, was in the highest spirits; overflowing with glee, and sparkling with quaint sentences. The champagne was uncorked and in the finest condition.

Having landed the mail at Girgenti, we stretched over to Malta, where we arrived about noon next day – all the passengers, except Orestes and Pylades, being eager to land, went on shore with the captain. They remained behind for a reason – which an accidental expression of Byron let out – much to my secret amusement; for I was aware they would be disappointed, and the anticipation was relishing. They expected – at least he did – a salute from the

finden seiner Lordschaft im Augenblick in gewisser Weise davon abhing, in der guten Meinung bestärkt zu werden, die er von seiner eigenen Höflichkeit gern behalten wollte. Seit dieser Nacht stieg ich offenbar in seiner Gunst; und da er im vertrauten Kreis immer sehr angenehm und interessant war, empfahl sich eine Annäherung zu einer engen Beziehung, allerdings mit aller erdenklichen Behutsamkeit, denn sein launisches Wesen machte seine Gunst unsicher.

Am nächsten Morgen war er unpässlich, entweder weil er seine Abstinenz aufgegeben hatte, was wahrscheinlich bei all den guten Dingen an der Tafel des Botschafters nicht zu vermeiden gewesen war, oder, vielleicht weniger fraglich, weil er seine Empfindlichkeit gegenüber dem Freund etwas bedauerte. Er tauchte bis zum späten Abend nicht auf. Ich habe das Gefühl, wenn es auch keinen Beweis gab, dass Hobhouse irgendein Zugeständnis erhielt, das Byron gemacht haben mag, um einzulenken. Denn mir gegenüber bemerkte Hobhouse in einem Tonfall, der sowohl Nachsicht als auch Großmut einschloss, dass es notwendig sei, dem Lord wie einem Kind nachzugeben. Aber gleichgültig wie die Versöhnung zustande kam, die Passagiere hatten Teil am Glück des wiedererlangten Friedens. Byron war während der nächsten Tage, als wir die malerischen Küsten Siziliens entlang segelten, bester Laune, überschwenglich guter Dinge und sprühend von Geistesblitzen. Der Champagner war entkorkt, gut temperiert und köstlich.

Nachdem die Post in Agrigent ausgeladen war, setzten wir nach Malta über, wo wir am folgenden Mittag ankamen – alle Reisenden sehnten sich danach anzulegen und gingen mit dem Kapitän an Land, außer Orest und Pylades. Die blieben aus einem Grund zurück, den, sehr zu meiner Belustigung, eine zufällige Bemerkung von Byron verriet. Ich begriff, dass ihnen eine Enttäuschung bevorstand, und deren Vorahnung war vergnüglich. Sie erwarteten – wenigstens er tat es – einen Salut der Kanonen; er hatte die

batteries, and sent ashore notice to Sir Alexander Ball, the Governor, of his arrival; but the guns were sulky, and evinced no respect of persons; so that late in the afternoon, about the heel of the evening, the two magnates were obliged to come on shore, and slip into the city unnoticed and unknown.

At this time Malta was in great prosperity. Her commerce was flourishing; and the goodly clusters of its profits hung ripe and rich at every door. The merchants were truly hospitable, and few more so than Mr. Chabot. As I had letters to him, he invited me to dinner, along with several other friends previously engaged. In the cool of the evening, as we were sitting at our wine, Lord Byron and Mr. Hobhouse were announced. His Lordship was in better spirits than I had ever seen him. His appearance showed, as he entered the room, that they had met with some adventure, and he chuckled with an inward sense of enjoyment, not altogether without spleen – a kind of malicious satisfaction – as his companion recounted with all becoming gravity their woes and sufferings, as an apology for begging a bed and morsel for the night. God forgive me! but I partook of Byrons's levity at the idea of personages so consequential wandering destitute in the streets, seeking for lodgings, as it were, from door to door, and rejected at all.

Nachricht von seinem Kommen an Sir Alexander Ball, den Gouverneur, gesandt. Aber die Kanonen blieben stumm und zollten niemandem Respekt; so waren die beiden Hochwohlgeborenen gezwungen, am späten Nachmittag, kurz vor dem Abend, an Land zu gehen und unbemerkt und unbekannt in die Stadt zu schlüpfen.

Malta war zu dieser Zeit sehr wohlhabend. Der Handel blühte dort, und die Zeichen seines Reichtums prangten strotzend und üppig an jeder Haustüre. Die Kaufleute waren äußerst gastfreundlich, aber nur wenige übertrafen Mr. Chabot. Da ich ihm Empfehlungsschreiben geben konnte, lud er mich zusammen mit etlichen anderen, bereits eingeladenen Freunden zum Essen. Als wir in der Kühle des Abends bei unserem Wein saßen, wurden Lord Byron und Mr. Hobhouse gemeldet. Ich habe seine Lordschaft nie in besserer Laune gesehen. Als er den Raum betrat, war ihm anzusehen, dass beide etwas Abenteuerliches erlebt hatten. Er lachte nicht ganz ohne Selbstgefälligkeit, mit boshafter Genugtuung in sich hinein, während sein Begleiter hochdramatisch ihrer beider Weh und Ach schilderte, um sich dafür zu entschuldigen, dass sie um ein Bett und ein Stück Brot bettelten. Der Himmel vergebe mir, aber mir gefiel Byrons witziger Einfall, dass berühmte Persönlichkeiten so mittellos von Tür zu Tür wandern und um Unterkunft bitten – und überall abgewiesen werden.

Lord Byron
A Proud Son Visiting Albany

(To Mrs. Catherine Gordon Byron) – Prevesa, November 12th, 1809 – My dear Mother, I have now been some time in Turkey: this place is on the coast but I have traversed the interior of the province of Albania on a visit to the Pacha. I left Malta in the Spider a brig of war on the 21st. of September and arrived in eight days at Prevesa. I thence have been about 150 miles as far as Tepaleen his highness's country palace where I staid three days.

The name of the Pacha is Ali, and he is considered a man of the first abilities, he governs the whole of Albania (the ancient Illyricum) Epirus, and part of Macedonia, his Son *Velly* Pacha to whom he has given me letters governs the Morea and he has great influence in Egypt, in short he is one of the most powerful men in the Ottoman empire.

When I reached Yanina the capital after a journey of three days over the mountains through a country of the most picturesque beauty, I found that Ali Pacha was with his army in Illyricum besieging Ibrahim Pacha in the castle of Berat. He had heard that an Englishman of rank was in his dominions and had left orders in Yanina with the Commandant to provide a house and supply me with every kind of necessary, *gratis*, and though I have been allowed to make presents to the slaves etc. I have not been permitted to pay for a single article of household consumption. I rode out on the vizier's horses und saw the palaces of himself and his grandsons, they are splendid but too much ornamented with silk and gold.

Lord Byron
Ein stolzer Sohn zu Besuch in Albanien

(An Mrs. Catherine Gordon Byron) – Prevesa, 12. November 1809 – Meine liebe Mutter, ich war jetzt eine Weile in der Türkei: Dieser Ort liegt an der Küste, aber das Landesinnere der Provinz Albanien habe ich anläßlich eines Besuches beim Pascha durchquert. Malta verließ ich am 21. September mit der «Spider», einem Zweimaster der Marine und kam nach acht Tagen in Prevesa an. Von da hatte ich ungefähr zweihundertvierzig Kilometer bis Tepelene zum Landsitz seiner Hoheit, in dem ich mich drei Tage aufhielt.

Der Name des Pascha ist Ali; er wird als ein Mann mit größten Fähigkeiten angesehen; er beherrscht ganz Albanien (das alte Illyrien), Epirus und einen Teil von Mazedonien; sein Sohn Veli Pascha, für den er mir Empfehlungsschreiben mitgegeben hat, regiert über die Morea; er ist in Ägypten sehr einflussreich, kurzum er ist einer der Mächtigsten im Osmanischen Reich.

Als ich nach einer dreitägigen Reise über die Berge durch ein Land von äußerst malerischer Schönheit die Hauptstadt Ionnina erreichte, erlebte ich, wie Ali Pascha mit seiner Armee in Illyrien den Ibraham Pascha im Schloss von Berat belagerte. Er hatte erfahren, dass sich ein Engländer von Rang in seinem Gebiet aufhielt, und dem Kommandanten in Ioannina die Weisung gegeben, mir ein Haus mit allem Nötigen kostenlos zur Verfügung zu stellen. Während mir erlaubt wurde, den Sklaven usw. Geschenke zu machen, wurde es mir nicht gestattet, für den Verbrauch einzelner Haushaltsvorräte zu bezahlen. Ich ritt auf den Pferden des Wesirs aus und besuchte seinen und seiner Enkel Paläste; die sind prächtig, aber zu sehr mit Seide und Gold überladen.

I then went over the mountains through Zitza a village with a Greek monastery (where I slept on my return) in the most beautiful Situation (always excepting Cintra in Portugal) I ever beheld. In nine days I reached Tepaleen, our Journey was much prolonged by the torrents that had fallen from the mountains and intersected the roads.

I shall never forget the singular scene on entering Tepaleen at five in the afternoon as the Sun was going down, it brought to my recollection (with some change of *dress* however) Scott's description of Branksome Castle in his lay, and the feudal system. The Albanians in their dresses (the most magnificent in the world, consisting of a long *white kilt*, gold worked cloak, crimson velvet gold laced jacket and waistcoat, silver mounted pistols and daggers), the Tartars with their high caps, the Turks in their vast peliesses and turbans, the soldiers and black slaves with the horses, the former stretched in groups in an immense open gallery in front of the palace, the latter placed in a kind of cloister below it, two hundred steeds ready caparisoned to move in a moment, couriers entering or passing out with dispatches, the kettle drums beating, boys calling the hour from the minaret of the mosque, altogether, with the singular appearance of the building itself, formed a new and delightful spectacle to a stranger. I was conducted to a very handsome apartment and my health enquired after by the vizier's secretary "a la mode de Turque."

The next day I was introduced to Ali Pacha, I was dressed in a full suit of Staff uniform with a very magnificent sabre etc ... The Vizier received me in a large room paved with marble, a fountain was playing in the centre, the apartment was surrounded by scarlet Ottomans, he receiving me *standing*, a won-

Ich reiste dann weiter über die Berge nach Zitsa, einem Dorf mit einem griechischen Kloster (wo ich auf meiner Rückreise übernachtete), das in der allerschönsten Gegend liegt, die ich je gesehen habe (Cintra in Portugal immer ausgenommen). Nach neun Tagen erreichte ich Tepelene; unsere Reise wurde durch Sturzbäche von den Bergen, die die Straßen abschnitten, sehr in die Länge gezogen.

Ich werde die einzigartige Szenerie nie vergessen, wie wir nachmittags um fünf Uhr in Tepelene einzogen und die Sonne gerade unterging; das erinnerte mich (allerdings in etwas anderem Gewande) an Scotts Ballade mit der Beschreibung des Schlosses Branksome und des Feudalwesens. – Die Albaner in ihrer Kleidung (der schönsten auf der Welt, bestehend aus einem langen weißen Kilt, golddurchwirktem Umhang, rotsamtener, goldbetresster Jacke und Weste, silberverzierten Pistolen und Dolchen), die Tataren mit ihren hohen Mützen, die Türken mit weiten Umhängen und Turbanen, die Soldaten und schwarzen Sklaven mit den Pferden – erstere gruppierten sich entlang einer riesigen offenen Galerie vor dem Palast, letztere waren in einer Art Bogengang darunter aufgestellt –, zweihundert jederzeit startbereite Streitrösser mit Schabracken, Kuriere, die mit Depeschen kamen und gingen, dröhnende Kesselpauken, Jungen, die vom Minarett der Moschee die Stunde ausriefen: das alles bildete zusammen mit dem einzigartigen Aussehen des Bauwerks für einen Fremden ein neuartiges und köstliches Schauspiel. Ich wurde zu einer sehr eleganten Wohnung geleitet, und der Sekretär des Wesirs erkundigte sich «à la Turque» nach meinem Wohlergehen.

Am folgenden Tag wurde ich Ali Pascha vorgestellt; ich hatte volle Stabs-Uniform angezogen mit sehr prächtigem Säbel usw. Der Wesir empfing mich in einem großen marmor-gefliesten Raum, ein Brunnen plätscherte in der Mitte, scharlachrote Ruhebetten säumten die Wände. Der Wesir empfing mich stehend, was eine hohe Auszeichnung von

derful compliment from a Mussulman, and made me sit down on his right hand.

I have a Greek interpreter for general use, but a Physician of Ali's who understands Latin acted for me on this occasion. His first question was why at so early an age I left my country? (the Turks have no idea of travelling for amusement) he then said the English Minister Capt. Leake had told him I was of a great familiy, and desired his respects to my mother, which I now in the name of Ali Pacha present to you. He said he was certain I was a man of birth because I had small ears, curling hair, and little white hands, and expressed himself pleased with my appearance and garb. He told me to consider him as a father whilst I was in Turkey, and said he looked on me as his son. Indeed he treated me like a child, sending me almonds and sugared sherbet, fruit and sweetmeats 20 times a day. He begged me to visit him often, and at night when he was more at leisure. I then after coffee and pipes retired for the first time. I saw him thrice afterwards.

It is singular that the Turks who have no hereditary dignities and few great families except the Sultan's pay so much respect to birth, for I found my pedigree more regarded than even my title.

His Highness is 60 years old, very fat and not tall, but with a fine face, light blue eyes and a white beard, his manner is very kind and at the same time he possesses that dignity which I find universal amongst the Turks. He has the appearance of any thing but his real character, for he is a remorseless tyrant, guilty of the most horrible cruelties, very brave and so good a general, that they call him the Mahometan Buonaparte. Napoleon has twice offered

einem Muselmanen ist, und ließ mich zu seiner Rechten sitzen.

Ich habe meistens einen Griechen als Dolmetscher, aber bei dieser Gelegenheit stand mir einer von Alis Ärzten bei, der Latein versteht. – Seine erste Frage war, warum ich in so jungen Jahren mein Land verlassen habe (die Türken haben keine Vorstellung von Vergnügungsreisen), dann erzählte er, dass der englische Gesandte Captain Leake, ihm gesagt habe, dass ich aus einer angesehenen Familie stamme, und er wünsche meiner Mutter seine Hochachtung zu erweisen, was ich Dir hiermit im Namen von Ali Pascha übermittle. Er sagte, er sei sicher, dass ich ein Mann von edler Herkunft sei, weil ich kleine Ohren, gelocktes Haar und kleine weiße Hände habe, und er brachte zum Ausdruck, dass ihm mein Aussehen und meine Kleidung gefielen. Er sagte, ich solle ihn, solange ich in der Türkei sei, wie einen Vater betrachten, und fügte hinzu, er betrachte mich als seinen Sohn. Er behandelte mich tatsächlich wie ein Kind und schickte mir zwanzigmal am Tag Mandeln und gezuckerte Limonade, Obst und Süßigkeiten. Er bat mich, ihn oft zu besuchen, auch nachts, wenn er mehr Muße habe. Dann, nach Kaffee und Pfeife, zog ich mich fürs erste zurück. Ich traf ihn danach noch dreimal.

Es ist eigenartig, dass die Türken, die keine erblichen Standeswürden und nur wenige vornehme Familien haben außer der des Sultans, der Herkunft so viel Respekt zollen; meine Abstammung fand mehr Beachtung als mein Titel.

Seine Hoheit ist sechzig Jahre alt, sehr dick und nicht groß, aber er hat ein feines Gesicht, helle blaue Augen und einen weißen Bart; er hat eine sehr freundliche Art und besitzt zugleich die Würde, die ich bei allen Türken sehe. Er sieht nach allem möglichen aus, nur nicht nach seiner wirklichen Wesensart, denn er ist ein unbarmherziger Tyrann, schrecklichster Grausamkeiten schuldig, sehr tapfer und ein so guter General, dass man ihn den mohammedanischen Bonaparte nennt. Napoleon bot ihm zweimal an, ihn zum König

to make him King of Epirus, but he prefers the English interest and abhors the French as he himself told me, he is of so much consequence that he is much courted by both, the Albanians being the most warlike subjects of the Sultan, though Ali is only nominally dependent on the Porte. He has been a mighty warrior, but is as barbarous as he is successful, roasting rebels etc. etc.. Bonaparte sent him a snuffbox with his picture; he said the snuffbox was very well, but the picture he could excuse, as he neither liked *it* nor the *original*.

His ideas of judging of a man's birth from ears, hands etc. were curious enough. To me he was indeed a father, giving me letters, guards, and every possible accommodation. Our next conversations were of war and travelling, politics and England.

He called my Albanian soldier who attends me, and told him to protect me at all hazards. His name ist Viscillie and like all the Albanians he is brave, rigidly honest, and faithful, but they are cruel though not treacherous, and have several vices, but no meannesses. They are perhaps the most beautiful race in point of countenance in the world, their women are sometimes handsome also, but they are treated like slaves, *beaten* and in short complete beasts of burthen, they plough, dig and sow, I found them carrying wood and actually repairing the highways, the men are all soldiers, and war and the chase their sole occupations, the women are the labourers, which after all is no great hardship in so delightful a climate.

Yesterday the 11th November I bathed in the sea, today it is so hot that I am writing in a shady room of the English Consul's with three doors wide

von Epirus zu machen, aber er unterstützt die englischen Interessen und verabscheut, wie er mir selbst sagte, die französischen; er ist von solcher Bedeutung, dass er von beiden sehr hofiert wird; die Albaner sind die kriegerischsten Untertanen des Sultans, das heißt: Ali ist nur nominell von der Hohen Pforte abhängig. Er war ein mächtiger Krieger, aber er ist so grausam wie erfolgreich, hat Aufständische gebraten usw. usw.. Bonaparte schickte ihm eine Schnupftabaksdose mit seinem Bild; er sagte, die Schnupftabaksdose sei sehr schön, aber auf das Bild könne er verzichten, weil er weder das Bild noch das Original schätze.

Seine Vorstellungen, die Herkunft eines Menschen nach Ohren, Händen usw. zu beurteilen, war seltsam genug. Zu mir war er wirklich wie ein Vater; er gab mir Empfehlungsschreiben und Leibwächter und erwies mir jede nur mögliche Gefälligkeit. Unsere folgenden Unterhaltungen befassten sich mit Krieg und Reisen, Politik und England.

Er rief meinen albanischen Soldaten, der mich begleitet, und befahl ihm, mich in allen Gefahren zu beschützen. Der Soldat heißt Basili und ist wie alle Albaner tapfer, unbeugsam ehrlich und treu; aber die Albaner sind grausam, wenn auch nicht heimtückisch; sie haben mehrere Unarten, aber sie sind nicht niederträchtig. Die Albaner sind vielleicht in Bezug auf das Aussehen die schönste Rasse auf der Welt; ihre Frauen sind mitunter auch hübsch, aber sie werden wie Sklaven behandelt und geschlagen und sind, kurz gesagt, regelrechte Nutztiere; sie pflügen, graben und säen, ich sah sie Holz schleppen und sogar die Landstraße ausbessern; die Männer sind alle Krieger; der Krieg und die Jagd sind ihr einziges Geschäft; die Frauen sind die Arbeiter, was insgesamt bei dem angenehmen Klima kein großes Ungemach ist.

Gestern, am 11. November badete ich im Meer, heute ist es so heiß, dass ich in einem schattigen Zimmer des englischen Konsuls bei drei weit offenen Türen schreibe und es

open no fire or even *fireplace* in the house except for culinary purposes. (...)

Today I saw the remains of the town of *Actium* near which Anthony lost the world in a small bay where two frigates could hardly manouvre, a broken wall is the sole remnant. On another part of the gulph stand the ruins of Nicopolis built by Augustus in honour of his victory.

Last night I was at a Greek marriage, but this and 1000 things more I have neither time or *space* to describe. I am going tomorrow with a guard of fify men to Patras in the Morea, and thence to Athens where I shall winter.

Two days ago I was nearly lost in a Turkish ship of war owing to the ignorance of the captain and crew though the storm was not violent. Fletcher yelled after his wife, the Greeks called on all the Saints, the Mussulmen on Alla, the Captain burst into tears and ran below deck telling us to call on God, the sails were split, the mainyard shivered, the wind blowing fresh, the night setting in, and all our chance was to make Corfu which is in possession of the French, or (as Fletcher *pathetically* termed it) "a *watery* grave". I did what I could to console Fletcher but finding him incorrigible wrapped myself up in my Albanian capote (an immense cloak) and lay down on deck to wait the worst, I have learned to philosophize on my travels, and if I had not, complaint was useless. Luckily the wind abated and only drove us on the coast of Suli on the main land where we landed and proceeded by the help of the natives to Prevesa again; but I shall not trust Turkish Sailors in future, though the Pacha had ordered one of his own galleots to take me to Patras, I am therefore going as far as Misso-

gibt im ganzen Haus kein Feuer und keine Feuerstelle außer zu Kochzwecken. (...)

Heute sah ich die Reste der Stadt Aktium, in deren Nähe Antonius die Welt verlassen hat, in einer kleinen Bucht, wo kaum zwei Fregatten manövrieren können; eine eingestürzte Mauer ist der einzige Überrest. In einem anderen Teil des Golfes stehen die Ruinen von Nikopolis, das Augustus zu Ehren seines Sieges erbaute.

Letzte Nacht war ich bei einer griechischen Hochzeit, aber diese und tausend andere Sachen zu beschreiben habe ich weder Zeit noch Platz. Morgen reise ich mit einer fünfzig Mann starken Truppe nach Patras in der Morea und dann nach Athen, wo ich den Winter verbringen werde.

Vor zwei Tagen wäre ich fast wegen der Dummheit des Kapitäns und seiner Mannschaft mit einem türkischen Schiff untergegangen, obwohl der Sturm nicht heftig war. Fletcher schrie nach seiner Frau, die Griechen riefen alle Heiligen an, die Muselmanen Allah, der Kapitän brach in Tränen aus und kam unters Deck gerannt, um uns zu raten, Gott anzurufen: die Segel waren zerfetzt, die Hauptrahe zersplittert, der Wind blies frisch, die Nacht brach herein, und unsere einzige Chance war, nach Korfu, das in französischem Besitz ist, zu gelangen oder «in ein feuchtes Grab» (wie Fletcher es hochtrabend nannte). Ich tat alles, um Fletcher zu trösten, aber weil er unzugänglich war, hüllte ich mich in meine albanische Cappa (einen weiten Mantel), legte mich auf das Deck und erwartete das Schlimmste; auf meinen Reisen habe ich gelernt zu denken – und wenn ich es nicht gelernt hätte: Klagen wäre nutzlos gewesen. Zum Glück legte sich der Wind und trieb uns nur an den Strand von Suli auf dem Festland, wo wir landeten und mit der Hilfe der Einheimischen wieder nach Prevesa gelangten; in Zukunft werde ich türkischen Seeleuten nicht trauen, obwohl der Pascha befohlen hatte, dass mich eine seiner eigenen Galeeren nach Patras bringen sollte; deshalb reise ich so viel wie möglich auf dem Landweg

longhi by land and there have only to cross a small gulph to get to Patras.

Fletcher's next epistle will be full of marvels, we were one night lost for *nine* hours in the mountains in a *thunder* storm, and since nearly wrecked, in both cases Fletcher was sorely bewildered, from apprehensions of famine and banditti in the first, and drowning in the second instance. His eyes were a little hurt by the lightning or crying (I don't know which) but are now recovered. (…)

Not a week ago, an Albanian chief (every village has its chief who is called Primate) after helping us out of the Turkish Galley in her distress, feeding us and lodging my suite consisting of Fletcher, a Greek, Two Albanians, a Greek Priest and my companion Mr. Hobhouse, refused any compensation but a written paper stating that I was well received, and when I pressed him to accept a few sequins, "no, he replied, I wish you to love me, not to pay me." These were his words.

It is astonishing how far money goes in this country, while I was in the capital, I had nothing to pay by the vizier's order, but since, though I have generally had sixteen horses and generally 6 oder 7 men, the expence has not been *half* as much as staying only 3 weeks in Malta, though Sir A. Ball the governor gave me a house for nothing, and I had only *one servant*. By the bye I expect Hanson to remit regularly, for I am not about to stay in this province for ever, let him write to me at Mr. Strané's, English Consul, Patras. The fact is, the fertility of the plains are wonderful, and specie is scarce, which makes this remarkable cheapness.

I am now going to Athens to study modern

nach Missolunghi, und dort brauche ich nur einen kleinen Golf zu überqueren, um nach Patras zu gelangen.

Fletchers nächster Bericht wird voller Wunder sein: Wie wir uns nachts in den Bergen bei einem Gewitter neun Stunden lang verirrten und wie wir beinahe Schiffbruch erlitten hätten. Fletcher war in beiden Fällen arg bestürzt, das erste Mal aus Angst vor Hunger und Räubern, das zweite Mal aus Angst vor dem Ertrinken. Seine Augen haben durch die Blitze oder das Weinen (wodurch, weiß ich nicht) ein wenig gelitten, haben sich aber inzwischen erholt. (...)

Vor knapp einer Woche verweigerte ein albanischer Vorsteher (jedes Dorf hat seinen Vorsteher, der Primas heißt) jede Vergütung dafür, dass er uns von der türkischen Galeere in Seenot gerettet, bewirtet und meiner Gefolgschaft – bestehend aus Fletcher, einem Griechen, zwei Albanern, einem griechischen Priester und meinem Gefährten Mr. Hobhouse, – Unterkunft gewährt hatte; er wollte nur eine schriftliche Bestätigung, dass ich gut aufgenommen wurde. Als ich ihn drängte, doch ein paar Sequinen anzunehmen, antwortete er: «Nein, ich möchte, dass Sie mir gewogen sind, nicht, dass sie mich bezahlen». Das waren seine Worte.

Es ist erstaunlich, wie lange in diesem Land das Geld reicht; solange ich in der Hauptstadt war, durfte ich auf Anordnung des Wesirs nichts bezahlen, aber auch seither sind die Ausgaben, obwohl ich meistens sechzehn Pferde und sechs oder sieben Mann habe, nicht halb so hoch wie in den drei Wochen auf Malta, obwohl mir Sir A. Ball, der Gouverneur, ein Haus kostenlos zur Verfügung gestellt und ich nur einen Diener hatte. – Übrigens erwarte ich von Hanson pünktliche Überweisung, weil ich nicht vorhabe, für immer in dieser Provinz zu bleiben; lass ihn an mich schreiben per Adresse Mr. Strané, Englischer Konsul, Patras. Tatsache ist, dass die Ebenen erstaunlich fruchtbar und Münzen knapp sind, weshalb alles so bemerkenswert billig ist.

Ich gehe jetzt nach Athen, um Neu-Griechisch zu lernen,

Greek which differs much from the ancient though radically similar. I have no desire to return to England, nor shall I unless compelled by absolute want and Hanson's neglect, but I shall not enter Asia for a year or two as I have much to see in Greece and I may perhaps cross into Africa at least the Aegyptian part.

Fletcher like all Englishmen is very much dissatisfied, though a little reconciled to the Turks by a present of 80 piastres from the vizier, which if you consider every thing and the value of specie here is nearly worth ten guineas English. He has suffered nothing but from *cold*, heat, and vermin which those who lie in cottages and cross mountains in a wild country must undergo, and of which I have equally partaken with himself, but he is not valiant, and is afraid of robbers and tempests.

I have no one to be remembered to in England, and wish to hear nothing from it but that you are well, and a letter or two on business from Hanson, whom you may tell to write. I will write when I can, your affectionate son, beg you to believe me,

Byron

das sich vom Alt-Griechischen sehr unterscheidet, obwohl es vom Stamm her gleich ist. Ich habe kein Verlangen, nach England zurückzukehren, und werde es nicht tun, solange nicht äußerste Not und Hansons Nachlässigkeit mich zwingen; aber ich gehe nicht für ein oder zwei Jahre nach Asien, weil ich in Griechenland viel besichtigen muss; vielleicht werde ich Afrika streifen, wenigstens den ägyptischen Teil.

Fletcher ist wie alle Engländer sehr unzufrieden, obwohl er mit den Türken ein wenig versöhnt ist, weil er vom Wesir achtzig Piaster geschenkt bekommen hat, was beinahe zehn englische Guineen wert ist, wenn man alles berücksichtigt, auch den Wert der Münzen. Er hatte nichts auszuhalten außer Kälte, Hitze und Ungeziefer, was alle, die in Hütten übernachten und in einem wilden Land Berge überqueren, ertragen müssen; ich hatte daran genauso teil wie er, aber er ist nicht tapfer und fürchtet sich vor Räubern und Gewittern.

Ich habe niemanden in England, dem ich mich empfehlen müsste, und hoffe, nichts von dort zu hören, als dass es Dir gut geht, und einen oder zwei Geschäftsbriefe von Hanson, den Du zum Schreiben auffordern könntest. Ich werde schreiben, sobald ich kann. Dein dich wahrhaft liebender Sohn
Byron

W. M. Leake
Silk-Worms and Ruins

April 18 – This being the morning of Holy Thursday, by the Greek calendar, a young sub-deacon, two hours before day, knocks at all the doors, calling out, "Christians, come to church." To-day, oil is permitted, but to-morrow, Good Friday, it is forbidden even to set a table for dinner. In the evening at 7 1/2 a service begins, which lasts till eleven; twelve masses are said, and as many portions of the Gospel read, descriptive of the different sufferings of Christ, previous to the Crucifixion, which they suppose to have taken place at midnight. Just as the service was beginning, there was a slight earthquake – certainly the most appropriate of all accompaniments. It is the first I have felt in Laconia, notwithstanding the observation of Strabo, εὔσειστος ἡ Λακωνική. I inquired at Mistrá in consequence of this remark of the geographer, and was told that earthquakes were not frequent there.

April 19 – The ceremony of the Entombment occurs this morning, at two hours before day; the people come out of their houses in the dark, and scramble to light their candles at the priest's candle. There is then a procession, consisting chiefly of women, through the streets to the church. Kalamáta is the only town in the Moréa, inhabited by Turks, where the Greeks can perform this ceremony; which generally takes place within the walls of the church or monastery. In the retired villages of the mountains, of course, it may be done openly. (…)

Almost every house in Kalamáta is provided with a

W. M. Leake
Seidenraupen und Ruinen

18. April – Nach griechischem Kalender ist heute Gründonnerstag. Am Morgen klopft ein Hilfs-Diakon zwei Stunden vor Tagesanbruch an alle Türen und ruft: «Christen, kommt in die Kirche.» Heute ist Öl erlaubt, aber morgen am Karfreitag ist es verboten, auch nur den Tisch für ein Mittagessen zu decken. Abends um halb acht beginnt der Gottesdienst, der bis elf dauert; zwölf Messen und ebenso viele Evangelien werden gelesen, welche die Leidensstationen Christi beschreiben, die der Kreuzigung vorausgegangen sind, bevor sie – so nimmt man hier an – gegen Mitternacht stattgefunden hat. Gerade als der Gottesdienst begann, gab es ein leichtes Erdbeben – sicherlich die passendste aller Begleiterscheinungen. Es ist das erste, das ich in Lakonien spürte ungeachtet der Beobachtung Strabos, «Lakonien ist erdbebensicher». In Mistra fragte ich wegen dieser Bemerkung den Geographen und bekam zur Antwort, Erdbeben seien dort nicht häufig.

19. April – Die Grablegungsfeier findet heute morgen zwei Stunden vor Tagesanbruch statt; die Leute kommen aus ihren Häusern heraus in die Dunkelheit und drängen sich, ihre Kerzen an der des Priesters zu entzünden. Dann zieht eine Prozession, die hauptsächlich aus Frauen besteht, durch die Straßen zur Kirche. Kalamáta ist die einzige Stadt in der Moréa, in der Türken wohnen und in der Griechen diese feierliche Handlung veranstalten können; im allgemeinen wird sie innerhalb der Kirchen- oder Klostermauern abgehalten. In den entlegenen Bergdörfern kann sie natürlich öffentlich stattfinden. (...)
Fast in jedem Haus in Kalamáta ist ein Raum dafür vorge-

chamber for rearing silk-worms. The eggs are sold from two to five piastres the measure of eight drams, the price varying according to the crop of the preceding year: this year the price was five piastres. The eggs are wrapped in a cloth, and the worms hatched at the end of April or beginning of May; young mulberry leaves are then placed upon them; the mamúdhia, or worms, mount upon the leaves, and are placed in round shallow baskets. (...)

The growth of the animal, the quantity he eats, and consequently the frequency of the change of leaves, depend on the weather; he advances more rapidly if it is hot, and less so if it is cold and rainy. The worms are so delicate that thunder, or even the report of a pistol, will sometimes kill them.

April 20 – Easter Sunday, by the Greeks called Lambrí. It is a general custom, when two acquaintances meet for the first time to-day for one to say, "Christ hath risen!" to which the other replies, "truly He hath risen!" The morning is occupied in visiting and drinking coffee. At about 11 dinner takes place, after which it is not unusual to sing the words of salutation just mentioned, or something equally applicable to the day.

April 22 – At 2 P.M. I leave Kalamáta for Andrússa. Sending forward my baggage by that route, I ride with my janissary, formerly a robber, and therefore well acquainted with the country, to see some Hellenic ruins which have been described to me as existing at a village called Paleókastro.

The road leads through a well cultivated tract; we pass the villages of Ais Agá and Kurt Tjaus on the left, at 3.38. These and thirty-four others, four

sehen, Seidenraupen zu züchten. Die Eier werden pro acht Apothergewichte für zwei bis fünf Piaster verkauft; der Preis richtet sich nach dem Ertrag des vorhergehenden Jahres: In diesem Jahr betrug der Preis fünf Piaster. Die Eier werden in ein Tuch gewickelt und von Ende April bis Anfang Mai ausgebrütet; dann werden junge Maulbeerblätter auf sie gelegt; die «mamúdhia» oder Raupen kriechen auf die Blätter, und damit werden sie in runde flache Körbe gelegt. (...)

Das Wachstum des Tiers, die Menge, die es frisst, und folglich die Häufigkeit, mit der die Blätter erneuert werden, hängt vom Wetter ab; wenn es heiß ist, entwickelt sich das Tier schneller, und wenn es kalt und regnerisch ist, langsamer. Die Raupen sind so empfindlich, dass manchmal Donner oder sogar Pistolenknall sie tötet.

20. April – Ostersonntag heißt bei den Griechen Lambrí. Wenn an diesem Tag zwei Bekannte einander zum ersten Mal begegnen, ist es Brauch, dass der eine sagt, «Christus ist auferstanden», worauf der andere antwortet, «er ist wahrhaftig auferstanden». Der Morgen vergeht mit Besuchemachen und Kaffeetrinken. Gegen elf Uhr beginnt das Mittagsmahl; es ist nicht ungewöhnlich, dass man danach die eben erwähnten Begrüßungsworte singt – oder sonst etwas zu diesem Tag Passendes.

22. April – Nachmittags um zwei Uhr verlasse ich Kalamáta in Richtung Andrússa. (...) Nachdem ich mein Gepäck vorausgeschickt habe, reite ich mit meinem Janitscharen aus, der früher ein Räuber war und deshalb die Gegend gut kennt, um einige Überreste aus hellenischer Zeit zu sehen, die es, wie mir beschrieben wurde, in dem Dorf Paleókastro geben soll.

Die Straße führt durch gut bestelltes Land; um 3.38 Uhr reiten wir durch die Dörfer Ais Agá und Kurt Tjaus zur Linken. Diese und vierunddreißig andere Dörfer – vier da-

of which are in the district of Kalamáta, the rest in Andrússa, Londári, Nisí, and Koróni, but all in the great *Messenian* plain, are an appanage of the Sultan's sister, and are called the Imlak villages. At 3.55 we pass between Kamári and Fridjála, which are separated only by the bed of a torrent; at 4 traverse Delímemi, and, ascending the mountain, arrive at the ruins at 4.35. Here are several remains of walls of the 4th order, extending for half a mile along the summit of a hill, divided from the range of Makryplái by a deep ravine and torrent, and which commands, in the opposite direction, a fine view of the plain and gulf. On the latter slope stand the villages of Farmísi and Veis Agá, overlooking the plain; at the northern extremity of the ancient site is the hamlet called Paleókastro.

Nearly in the centre of the ruins I find a quadrangular cistern, ten or twelve feet deep, cut out of the rock at one end, and on the other sides constructed with the same regular kind of masonry as the other ruins. The cistern was divided into three parts by two cross walls, of which there are considerable remains. Its whole length is twenty-nine paces; the breadth half as much.

To the north of this ruin, on the highest part of the ridge, which is here very narrow, I find the portico of a temple, of which the lower part of the columns and the door are in their original places. The columns are Doric, two feet two inches in diameter. They are formed, as well as the rest of the ruins, of a hard brown calcareous stone, in which are cockle and mussel shells extremely perfect. At right angles to the portico there are several pieces of columns in their places, with the remains of door-ways and pilasters. There are many other foundations and

von im Distrikt Kalamáta, die übrigen in Andrússa, Londári, Nisí und Koróni, aber alle in der großen Ebene von Messenien gelegen, sind eine Apanage der Schwester des Sultans und werden Imlak-Dörfer genannt. Um 3.55 Uhr ziehen wir zwischen Kamári und Fridjála durch, die nur durch ein Bachbett getrennt sind; um 4.00 Uhr durchqueren wir Delímemi, besteigen den Berg und erreichen die Ruinen um 4.35 Uhr. Hier gibt es einige Mauerreste der vierten Ordnung, die sich achthundert Meter weit einen Hügelkamm entlang erstrecken und von der Bergkette Makryplái durch einen tiefen Hohlweg und einen Bach getrennt sind; von hier hat man in die entgegengesetzte Richtung einen schönen Blick auf die Ebene und den Golf. An dessen Abhang liegen die Dörfer Farmísi und Veis Agá, die die Ebene überschauen; im äußersten Norden der antiken Stelle liegt der Weiler Paleókastro.

Fast in der Mitte der Ruinen finde ich eine drei bis dreieinhalb Meter tiefe viereckige Zisterne, die nach unten in den Fels hinein gehauen ist und deren Seiten im selben regelmäßigen Mauerwerk aufgebaut sind wie die anderen Ruinen. Die Zisterne war durch zwei Querwände, von denen beachtliche Reste vorhanden sind, in drei Teile geteilt. Ihre ganze Länge beträgt neunundzwanzig Schritt, die Breite halb so viel.

Im Norden dieser Ruine auf dem höchstgelegenen Teil des Bergrückens, der hier sehr schmal ist, finde ich die Säulenhalle eines Tempels; der untere Teil der Säulen und das Tor stehen an ihrem ursprünglichen Platz. Es sind dorische Säulen mit einem Durchmesser von fünfundsechzig Zentimeter. Sie sind wie die übrigen Ruinen aus einem harten, braunen Kalkstein geformt, in dem Herzmuscheln und Miesmuscheln ausgezeichnet gut erhalten sind. Im rechten Winkel zur Säulenhalle gibt es verschiedene Säulenstücke am ursprünglichen Standort sowie Reste von Toreingängen und Wandpfeilern. Auf dem Gipfel des Hügels

fragments of columns on the summit of the hill, but I could not trace their original plan or distribution; though, undoubtedly, a little excavation and removal of the fragments would enable an architect to make some interesting discoveries.

Of the other remains, the most remarkable are some walls on the slope towards the plain, which appear to have supported terraces of public edifices. There is also a very fine piece of wall on the side of the hill, below the portico, and another close to the village. I searched in vain for a theatre. The ruins cover an extent of a third of a mile along the summit of the ridge, and half as much on the slope towards the plain.

I inquired of the elder of the village for inscriptions and coins, but without success. This man enjoys the reputation at Kalamáta and in the surrounding country, of being able to cure the bite of a mad dog, by means of a powder and a certain diet known only to himself. He presents me with a very acceptable glass of good wine and water, but eludes all inquiries as to his secret.

gibt es noch viele Fundamente und Säulenstümpfe, aber ich konnte ihren ursprünglichen Grundriss oder ihre Zuordnung nicht nachvollziehen; eine kleine Ausgrabung und das Entfernen der Fragmente würden es einem Architekten unzweifelhaft ermöglichen, etliche interessante Entdeckungen zu machen.

Von den anderen Überresten sind einige Mauern am Abhang zur Ebene, die anscheinend die Terrassen öffentlicher Gebäude gestützt haben, am bemerkenswertesten. Ein sehr schönes Mauerstück steht auch unterhalb der Säulenhalle an der Hügelflanke und noch eines nahe beim Dorf. Nach einem Theater habe ich vergeblich gesucht. Die Ruinen bedecken eine Fläche von fünfhundert Meter auf der Hügelkuppe und halb so viel auf dem Abhang zur Ebene hin.

Ich fragte den Dorfältesten nach Inschriften und Münzen, jedoch ohne Erfolg. Dieser Mann genießt in Kalamáta und Umgebung den Ruf, den Biss eines tollwütigen Hundes durch einen Puder und eine bestimmte Diät, die nur er kennt, heilen zu können. Er kredenzt mir ein sehr willkommenes Glas mit gutem Wein und Wasser, aber allen Fragen nach seinem Geheimnis entzieht er sich.

Lady Mary Wortley Montagu
The Turkish Bath

(To Lady ***) – Adrianople, April 1, 1717 – I am now got into a new World where every thing I see appears to me a change of Scene, and I write to your Ladyship with some content of mind, hoping at least that you will find the charm of Novelty in my Letters and no longer reproach me that I tell you nothing extrordinary. I won't trouble you with a Relation of our tedious Journey, but I must not omit what I saw remarkable at Sophia, one of the most beautifull Towns in the Turkish Empire and famous for its Hot Baths that are resorted to both for diversion and health. I stop'd here one day on purpose to see them. Designing to go incognito, I hir'd a Turkish Coach. These Voitures are not at all like ours, but much more convenient for the Country, the heat being so great that Glasses would be very troublesome. They are made a good deal in the manner of the Dutch Coaches, having wooden Lattices painted and gilded, the inside being painted with baskets and nosegays of Flowers, entermix'd commonly with little poetical mottos. They are cover'd all over with scarlet cloth, lin'd with silk and very often richly embrodier'd and fring'd. This covering entirely hides the persons in them, but may be thrown back at pleasure and the Ladys peep through the Lattices. They hold 4 people very conveniently, seated on cushions, but not rais'd.

In one of these cover'd Waggons I went to the Bagnio about 10 a clock. It was allready full of Women. It is built of Stone in the shape of a dome with no

Lady Mary Wortley Montagu
Das türkische Bad

(An Lady ***) – Adrianopel, 1. April 1717 – Ich bin jetzt in eine neue Welt gekommen, wo mir alles, was ich sehe, wie ein Szenenwechsel erscheint, und ich schreibe an Sie, gnädige Frau, recht zuversichtlich, denn ich hoffe jedenfalls, dass Sie in meinen Briefen den Reiz des Neuen finden und mir nicht länger vorwerfen, dass ich Ihnen nichts Außerordentliches erzähle. Ich will Sie nicht mit einem Bericht von unserer ermüdenden Reise belästigen, aber ich darf nicht übergehen, was ich an Bemerkenswertem in Sofia sah, einer der schönsten Städte im türkischen Reich, berühmt für ihre heißen Bäder, die zum Zeitvertreib und der Gesundheit wegen oft aufgesucht werden. Ich hielt mich hier einen Tag auf, um sie zu besichtigen. In der Absicht, inkognito zu gehen, mietete ich eine türkische Kutsche. Diese Wagen gleichen unseren in keiner Weise, sind aber für dieses Land viel geeigneter, wo die Hitze so groß ist, dass Fenster sehr unangenehm wären. Zum großen Teil sind sie wie die holländischen Kutschen gebaut und haben bemalte und vergoldete hölzerne Gitter. Das Innere ist mit Körben und Blumensträußen bemalt, in die meistens kleine Verse eingestreut sind. Die Kutschen sind rundherum mit scharlachrotem Tuch verhängt, das mit Seide gefüttert und sehr oft reich bestickt und mit Fransen besetzt ist. Dieser Vorhang verbirgt die Insassen völlig, kann aber nach Belieben zurückgeschlagen werden, und die Damen spähen durch die Gitter. Die Kutschen können vier Personen bequem aufnehmen, wenn sie auf den Kissen sitzen und nicht aufstehen.

In einem dieser verhängten Wagen fuhr ich gegen zehn Uhr zum Bad. Es war bereits voll besetzt mit Frauen. Es ist aus Stein gebaut, und zwar als fensterloser Kuppelbau; nur

Windows but in the Roofe, which gives Light enough. There was 5 of these domes joyn'd together, the outmost being less than the rest and serving only as a hall where the portress stood at the door. Ladys of Quality gennerally give this Woman the value of a crown or 10 shillings, and I did not forget that ceremony. The next room is a very large one, pav'd with Marble, and all round it rais'd 2 Sofas of marble, one above another. There were 4 fountains of cold Water in this room, falling first into marble Basins and then running on the floor in little channels made for that purpose, which carry'd the streams into the next room, something less than this, with the same sort of marble sofas, but so hot with steams of sulphur proceeding from the baths joyning to it, twas impossible to stay there with one's Cloths on. The 2 other domes were the hot baths, one of which had cocks of cold Water turning into it to temper it to what degree of warmth the bathers have a mind to.

I was in my travelling Habit, which is a rideing dress, and certainly appear'd very extrodinary to them, yet there was not one of 'em that shew'd the least surprize or impertinent Curiosity, but receiv'd me with all the obliging civillity possible. I know no European Court where the Ladys would have behav'd them selves in so polite a manner to a stranger. I believe in the whole there were 200 Women and yet none of those disdainfull smiles or satyric whispers that never fail in our assemblys when any body appears that is not dress'd exactly in fashion. They repeated over and over to me, Uzelle, pek uzelle, which is nothing but, charming, very charming.

The first sofas were cover'd with Cushions and rich Carpets, on which sat the Ladys, and on the 2nd

im Dach sind Fenster, das gibt genug Licht. Fünf solcher Kuppelbauten waren aneinandergefügt; der äußerste von ihnen war kleiner und diente nur als Vorhalle; darin stand die Pförtnerin am Tor. Vornehme Damen von Stand geben dieser Frau gewöhnlich Geld im Wert einer Krone oder zehn Schilling, und ich hielt mich an diese Gepflogenheit. Der nächste Raum ist sehr groß und mit Marmor ausgelegt, und ringsum sind zwei Sofareihen aus Marmor aufsteigend angeordnet. Hier waren vier Brunnen mit kaltem Wasser, das erst in die Marmorbecken fiel und dann in kleinen Bodenkanälen floss, die den Zweck hatten, die Bächlein in den nächsten etwas kleineren Raum zu lenken; dort waren die gleichen Marmorsofas, aber es war so heiß von Schwefeldämpfen, die aus den benachbarten Bädern hereinströmten, dass es unmöglich war, sich hier in Kleidern aufzuhalten. In den beiden anderen Kuppelbauten waren die Heißwasser-Bäder; in einem davon waren Kaltwasserhähne angebracht, damit die Badenden die Wärme nach Belieben mindern konnten.

Ich war in meiner Reiseaufmachung, einem Reitkostüm, und sah für die Damen dort bestimmt sehr ungewöhnlich aus; es war jedoch nicht eine einzige unter ihnen, die die geringste Überraschung oder ungehörige Neugier gezeigt hätte, sondern sie empfingen mich mit aller denkbaren artigen Gefälligkeit. Ich kenne keinen europäischen Hof, wo sich die Damen einer Fremden gegenüber in so höflicher Weise benehmen würden. Ich glaube, es waren insgesamt zweihundert Frauen, und doch gab es nicht dieses geringschätzige Lächeln oder boshafte Geflüster, das in unseren Gesellschaften nicht ausbleibt, wenn irgend jemand erscheint, der nicht genau nach der Mode gekleidet ist. Sie wiederholten immer wieder «Uzelle, pek uzelle», was nichts anderes heißt als «bezaubernd, sehr bezaubernd».

Die ersten Sofas waren mit Kissen und dicken Teppichen belegt, auf denen die Damen saßen; auf den zweiten hinter

their slaves behind them, but without any distinction of rank by their dress, all being in the state of nature, that is, in plain English, stark naked, without any Beauty or deffect conceal'd, yet there was not the least wanton smile or immodest Gesture amongst 'em. They Walk'd and mov'd with the same majestic Grace which Milton describes of our General Mother. There were many amongst them as exactly proportion'd as ever any Goddess was drawn by the pencil of Guido or Titian, and most of their skins shineingly white, only adorn'd by their Beautifull Hair divided into many tresses hanging on their shoulders, braided either with pearl or riband, perfectly representing the figures of the Graces. I was here convinc'd of the Truth of a Refflexion that I had often made, that if twas the fashion to go naked, the face would be hardly observ'd. I perceiv'd that the Ladys with the finest skins and most delicate shapes had the greatest share of my admiration, thô their faces were sometimes less beautifull than those of their companions. To tell you the truth, I had wickedness enough to wish secretly that Mr. Gervase could have been there invisible. I fancy it would have very much improv'd his art to see so many fine Women naked in different postures, some in conversation, some working, others drinking coffee or sherbet, and many negligently lying on their Cushions while their slaves (generally pritty Girls of 17 or 18) were employ'd in braiding their hair in several pretty manners.

In short tis the Women's coffée house, where all the news of the Town is told, Scandal invented, etc. They gennerally take this Diversion once a week, and stay there at least 4 or 5 hours without geting cold by immediate coming out of the hot bath into

ihnen saßen ihre Sklavinnen aber ohne jeden Standesunterschied durch ihre Kleidung, weil alle im Naturzustand waren, das heißt auf gut deutsch splitternackt, und weder Vorzüge noch Fehler wurden verborgen; aber es gab zwischen den Frauen nicht das geringste überhebliche Lächeln und nicht die kleinste unbescheidene Geste. Sie gingen umher und bewegten sich mit der gleichen majestätischen Anmut, wie sie Milton bei Unser-aller-Mutter beschreibt. Viele von ihnen waren genau so geformt wie irgendeine von Guido oder Tizian gezeichnete Göttin. Die meisten hatten eine weiße, glänzende Haut, die nur durch ihr prachtvolles Haar geschmückt wurde, das in vielen Flechten mit Perlenschnur oder Band besetzt über ihre Schultern verteilt herabhing; so waren sie recht eigentlich Abbilder der Grazien. Hier wurde ich überzeugt von der Richtigkeit einer Überlegung, die ich oft angestellt habe: Wenn es üblich wäre, nackt zu gehen, würde das Gesicht kaum beachtet. Ich stellte fest, dass die Damen mit der zartesten Haut und den schönsten Formen meine größte Bewunderung bekamen, obwohl ihre Gesichter manchmal weniger schön waren als die ihrer Begleiterinnen. Um Ihnen die Wahrheit zu sagen, ich war übermütig genug, mir heimlich zu wünschen, dass Mr. Gervase unsichtbar hier sein könnte. Ich stelle mir vor, es wäre seiner Kunst sehr zugute gekommen, wenn er diese vielen schönen Frauen nackt in verschiedenen Haltungen gesehen hätte, einige im Gespräch, einige arbeitend, andere Kaffee oder Sorbet trinkend und viele lässig auf ihren Kissen ausgestreckt, während ihre Sklavinnen (durchwegs hübsche Mädchen von 17 oder 18) damit beschäftigt waren, ihr Haar auf vielerlei hübsche Art und Weise zu flechten.

Kurz, das ist das Kaffeehaus der Frauen, wo alle Neuigkeiten der Stadt erzählt werden, wo Klatsch erfunden wird usw. Diesen Zeitvertreib haben sie gewöhnlich einmal in der Woche, wobei sie mindestens vier oder fünf Stunden bleiben, ohne dass ihnen kalt wird, wenn sie plötzlich aus dem heißen

the cool room, which was very surprizing to me. The Lady that seem'd the most considerable amongst them entreated me to sit by her and would fain have undress'd me for the bath. I excus'd my selfe with some difficulty, they being all so earnest in persuading me. I was at last forc'd to open my skirt and shew them my stays, which satisfy'd 'em very well, for I saw they beleiv'd I was so lock'd up in that machine that it was not in my own power to open it, which contrivance they attributed to my Husband. I was charm'd with their Civillity and Beauty and should have been very glad to pass more time with them, but Mr. Wortley resolving to persue his Journey the next morning early, I was in haste to see the ruins of Justinian's church, which did not afford me so agreable a prospect as I had left, being little more than a heap of stones.

Adieu, Madam. I am sure I have now entertain'd you with an Account of such a sight as you never saw in your Life and what no book of travels could inform you of. 'Tis no less than Death for a Man to be found in one of these places.

Bad in den kühlen Raum kommen, was mich sehr wunderte. Die Dame, die unter ihnen die angesehenste zu sein schien, lud mich ein, bei ihr zu sitzen und hätte mich gern für das Bad entkleidet. Es war schwierig, mich zu entschuldigen, weil sie mich alle so ernsthaft überreden wollten. Schließlich musste ich meine Bluse öffnen und ihnen mein Korsett zeigen, was sie sehr befriedigte, weil sie, wie ich merkte, glaubten, dass ich in diesen Apparat so eingesperrt war, dass es nicht in meiner Macht stand, ihn zu öffnen; diesen Kunstgriff gestanden sie meinem Mann zu. Ich war von ihrer Freundlichkeit und Schönheit bezaubert und hätte gern mehr Zeit mit ihnen verbracht, aber weil Mr. Wortley beschlossen hatte, seine Reise früh am nächsten Morgen fortzusetzen, beeilte ich mich, die Ruine der Justinianskirche zu besichtigen, die mir keinen so angenehmen Anblick gewährte wie den zuvor gehabten, weil es nicht viel mehr als ein Steinhaufen ist.

 Leben Sie wohl, Madam. Ich bin sicher, dass ich Sie jetzt mit einem Bericht über einen Einblick unterhalten habe, den Sie noch nie in Ihrem Leben hatten und worüber kein Reiseführer Sie informieren könnte. Es bedeutet nichts weniger als den Tod für einen Mann, der an so einem Ort entdeckt wird.

Frances Trollope
The Society of Vienna

24th December 1836 – Last night the Turkish ambassador received company; and for the first time, I believe, in the memory of the Christian world, the ladies of Vienna honoured him by their presence. He had given notice that as it was the *"fête of the Sultan,"* he expected all the gentlemen to appear in full court-dress. Such an intimation would in any country add greatly to the splendour of a salon, but here it is sure to produce a very brilliant effect indeed.

No party that has yet taken place has occasioned so much previous conversation as this. All the world seemed to expect that something very much out of the common way must happen in paying a visit of ceremony to a Turk, and, in truth, there was something picquant in the idea that ladies were going for the first time since the world began to enter the dwelling of a Mussulman, with free power to go out again at their pleasure.

The approach to the Ottoman dominions was gaily illuminated by coloured lamps, amidst which the words MAHMOUD SULTAN were conspicuous. The manner in which the company were ushered into the presence of the ambassador was everything that could be wished, being quite à la Stamboul. We had to traverse two rooms, both of which had a double row of Turkish attendants, who most orientally veiled their eyes with their hands as the ladies passed. Nothing could be better. But before we made our exit through the same respectful train, the effect of these

Frances Trollope
Die feine Gesellschaft in Wien

24. Dezember 1836 – Gestern abend gab der türkische Botschafter einen Empfang; ich glaube, es war das erste Mal in der Geschichte der Christenheit, dass Damen der Wiener Gesellschaft ihn mit ihrer Gegenwart beehrten. Er hatte bekanntgegeben, dass der Geburtstag des Sultans gefeiert werde und er deshalb erwarte, dass alle Herren in Gala erscheinen. Eine solche Aufforderung würde in jedem Land wesentlich zum Glanz einer Gesellschaft beitragen, aber hier bewirkt sie mit Sicherheit ein geradezu prunkvolles Ereignis.

Es hat noch nie einen Empfang gegeben, der vorher so viel Gerede verursacht hat. Alle Welt schien zu erwarten, dass zur Teilnahme an einem hochoffiziellen Besuch bei einem Türken etwas ganz Außergewöhnliches geschehen müsse. Und tatsächlich war die Vorstellung irgendwie pikant, dass zum ersten Mal seit der Erschaffung der Welt das Haus eines Muselmanen von Damen betreten würde, die die Freiheit hätten, es nach Belieben wieder zu verlassen.

Die Auffahrt zur osmanischen Botschaft war mit bunten Lampen zauberhaft erleuchtet und die Worte MAHMOUD SULTAN waren darin deutlich zu lesen. Das Zeremoniell, mit dem die Gesellschaft dem Botschafter vorgestellt wurde, enthielt alles, was man sich ganz à la Stambul wünschen konnte. Wir mussten durch zwei Räume mit einer Doppelreihe von türkischen Dienern schreiten, die in echt orientalischer Art ihre Augen mit den Händen bedeckten, als die Damen vorbeigingen. Nichts konnte eindrucksvoller sein. Aber noch bevor wir wieder unseren Ausgang durch dasselbe ehrerbietige Spalier nahmen, war die Wirkung die-

veiled eyes was greatly lessened, at least for me, by
my having been told by a gentleman I found there,
that, on all occasions of state galas, it was the custom
for the foreign legations to assist each other by the
loan of attendants, and that upon the present occasion the Pope's Nuncio had obligingly furnished a
considerable number, so that the veiled eyes were
not really Turkish eyes after all.

15th January 1837 – Yesterday, at the mansion of
Prince Metternich, we were at the first grand carnival ball of the season, and a very splendid entertainment it was. The suite of rooms is a fine one; and
the salle de bal, which, like many other fine receiv-
ing-rooms in Vienna, has walls wearing the appearance of white marble, was rendered radiant by
some hundreds of wax lights, and by the presence
of a very splendid assemblage of company.

Though no contry can excel the taste and finish
of a Parisian toilet, the palm of splendour must
unquestionably be accorded to that of Vienna. This
surpassing costliness of attire does not arise sole-
ly from the general use among all the married
women of the very finest diamonds in the world,
though undoubtedly this contributes much to it;
but, in truth, every article of dress worn by people
of fashion at a Vienna ball is as perfect in costy
elegance as the most lavish expenditure can make
it. (…)

We had dined at the British ambassador's with a
large party, and the elegant dresses worn there led
me to imagine that the fair wearers intended to spare
themselves the trouble of a second toilet; but they
had no such idleness in their thoughts, and appeared
a few hours afterwards in new decorations, as far

ser verhüllten Augen, zumindest für mich, sehr geschmälert. Ein Herr, den ich dort traf, erzählte mir nämlich, dass bei allen großen Staatsempfängen die ausländischen Vertretungen üblicherweise einander Diener leihen und dass für den gegenwärtigen Anlass auch der Nuntius des Papstes freundlicherweise eine beträchtliche Anzahl beigesteuert habe, so dass die verhüllten Augen tatsächlich keineswegs türkische Augen waren.

15. Januar 1837 – Gestern waren wir im Palais des Fürsten Metternich beim ersten großen Faschingsball der Saison, und es war wirklich eine glänzende Festlichkeit. Die Ausstattung der Gemächer ist elegant. Der Ballsaal, dessen Wände – wie übrigens auch die Wände vieler anderer Gesellschaftsräume in Wien – aus weißem Marmor zu sein scheinen, erstrahlte im Schein einiger hundert Kerzen und im Glanz einer prächtigen Ansammlung ansehnlicher Menschen.

Wenn auch kein Land den Geschmack und die Vollendung einer Pariser Abendrobe übertreffen kann, muss man, was die Pracht angeht, fraglos Wien den Sieg zugestehen. Diese außerordentliche Kostbarkeit der Aufmachung rührt nicht nur daher, dass alle verheirateten Frauen die schönsten Diamanten der Welt tragen (wenngleich dies sehr viel dazu beiträgt), sondern, dass jedes Accessoire, das diese modebewussten Leute bei einem Wiener Ball tragen, so vollkommen in seiner kostbaren Erlesenheit ist, wie es nur die verschwenderischsten Aufwendungen möglich machen. (...)

Wir hatten zuvor in der britischen Gesandtschaft in großer Gesellschaft gespeist. Die eleganten Kleider, die man trug, ließen mich vermuten, dass ihre schönen Trägerinnen sich die Mühe einer zweiten Toilette ersparen wollten; aber die hatten nicht solche Bequemlichkeit im Sinn, sondern erschienen wenige Stunden später in neuer, noch großartige-

surpassing their former ones as the vesture of the butterfly does that of the chenille.

19. January 1837 – Dinner parties are more than frequent, they are incessant, – more so, I think, than even in London, – probably, because an engagement to dine interferes with no other. A dinner party never remains together above twenty minutes, or half an hour, after leaving the table.

Where the party has been peculiarly agreeable, I have certainly regretted this arrangement, and wished that those with whom I had dined would linger a little longer over their coffee, or even prolong the union till the hour for balls and routs separated them of necessity; but yet the Vienna mode decidedly has its advantages. (...)

If any one, admitted within the charmed and charming circle of the "haute volée," will screw his courage to the task of entering a saloon early, he will be sure to see a number of as pretty elegant women as ever made the glory of any land, come in after him, one or two at a time, and as many gentlemen, whose noble bearing and splendid decorations make them the most ornamental cavaliers in Europe, till the rich bevy is complete: ... and then ... just at the very moment that the meeting together is accomplished, off they all go again.

If the observer be of an active temperament, and can reach his carriage in time to drive in advance to some other noble mansion whose doors are that night open, – for the order in which they are taken is known to all, – he will infallibly see the same assembling, and the same sudden dispersion ... and so the thing will go on till the amusements of the night be completed.

rer Aufmachung, genauso wie der Schmetterling das Kleid der Raupe übertrifft.

19. Januar 1837 – Einladungen zum Essen sind mehr als häufig, sie finden unaufhörlich statt – ich glaube, sogar öfter als in London – vielleicht, weil sich eine Einladung zum Mittagessen mit keiner anderen überschneidet. Eine Tischgesellschaft bleibt nie länger als zwanzig Minuten oder eine halbe Stunde zusammen, nachdem die Tafel aufgehoben ist.

Ich habe diese Sitte bedauert, wenn die Gesellschaft besonders angenehm war und habe mir gewünscht, dass diejenigen, mit denen ich gespeist hatte, noch ein wenig bei ihrem Kaffee verweilen würden oder der Kreis sogar zusammenbliebe, bis der Aufbruch zu Bällen oder Empfängen ihn unweigerlich auflöst; aber auch die Wiener Sitte hat entschieden ihre Vorteile. (…)

Wenn jemand, der dem entzückten oder entzückenden Kreis der «haute volée» zugerechnet wird, seinen Mut zusammenrafft und einen Salon als einer der ersten betritt, wird er gewiss nach sich eine Anzahl so hübscher und eleganter Damen, wie sie je einem Lande zur Zierde gereichten, einzeln oder zu zweit eintreten sehen und ebenso viele Herren, deren vornehmes Betragen und glänzende Ordenszier sie zu den meist dekorierten Kavalieren in Europa machen, bis die prächtige Schar vollzählig ist … und dann … genau in dem Augenblick, wo die ganze Versammlung vollständig ist, gehen alle wieder fort.

Wenn der Beobachter ein unternehmungslustiger Mensch ist und seinen Wagen rechtzeitig erreicht, um rasch zu einem anderen vornehmen Haus zu fahren, dessen Pforten in dieser Nacht geöffnet sind – alle wissen, in welcher Reihenfolge das geschieht – dann wird er unfehlbar dieselbe Gesellschaft und dasselbe plötzliche Aufbrechen erleben … und so geht das immer weiter, bis die Unterhaltungen dieser Nacht beendet sind.

This fitful flight, and fitful settling again, often reminds me of the manœuvring of a covey of bright paroquets, such as I have seen in the forests of New Orleans; only that the spreading of their pretty wings is an operation performed with less disturbance to the elements, than that by which the gayer plumaged flutterers of Vienna pass from street to street, and from palace to palace.

23rd January 1837 – Ever since the evening that the ladies of Vienna en masse waited upon the Turkish ambassador to compliment him on the Sultan's jour de fête, "the society" has been amusing itself with the anticipation of a ball, which they calculated his gallantry must give in return for their aimable *empressement*.

These calculations have not deceived them; the ball took place last night, and a very brilliant ball it was.

His Mahometan excellency inhabits, as I believe I have told you before, the noble palace belonging to Prince Esterhazy in the Maria Hülfe Faubourg, all the state rooms of which were on this occasion thrown open, forming a very noble, though not quite regular, suite of apartments. (…)

This long-looked-for fête can have disappointed no one; we have seen no ball where the general preparations have been so strikingly elegant. From the hall to the top of the staircase, the company walked through a rising grove of flowering plants; and the suite of rooms, entered after this approach was passed, consisted of six noble saloons, as brilliantly lighted as it was possible for rooms to be where the walls are closely covered with pictures.

The Turk's amiable welcome delighted everybody,

Diese anfallartige Flucht und diese anfallartige Wiederkehr erinnern mich oft an das Verhalten eines Völkchens von lebhaften Papageien, wie ich sie in den Wäldern von New Orleans gesehen habe; nur dass das Ausbreiten ihrer hübschen Flügel ein Vorgang ist, der weniger Luftwirbel verursacht, als wenn die noch bunter Gefiederten in Wien von Straße zu Straße und von Palais zu Palais flattern.

23. Januar 1837 – Seit dem Abend, an dem die Wiener Damen dem türkischen Botschafter so zahlreich ihre Aufwartung gemacht haben, um ihn zum Geburtstag des Sultans zu beglückwünschen, vergnügte sich «die Gesellschaft» in der Aussicht auf einen Ball, den er, wie sie erwartete, als höfliche Erwiderung dieser Liebenswürdigkeit geben müsse.

In dieser Erwartung wurden die feinen Leute nicht enttäuscht; der Ball fand letzte Nacht statt und war ein sehr prächtiges Fest.

Seine Mohammedanische Exzellenz bewohnt, wie ich dir wohl schon früher erzählt habe, das vornehme Palais in der Mariahilfer Vorstadt, das dem Fürsten Esterhazy gehört. Alle seine Prunkräume waren aus diesem Anlass geöffnet und bildeten eine sehr erlesene, wenn auch nicht ganz einheitliche Folge von Salons. (…)

Dieses lang erwartete Fest kann niemanden enttäuscht haben; wir haben noch keinen Ball erlebt, wo die ganze Ausstattung so auffallend elegant war. Von der Empfangshalle bis zur obersten Treppe bewegte man sich durch einen aufsteigenden Hain blühender Pflanzen, und die Flucht von Gemächern, die man nach diesem Aufgang betrat, bestand aus sechs vornehmen Salons, die so prächtig beleuchtet waren, wie es Räume sein können, deren Wände dicht an dicht mit Gemälden bedeckt sind.

Die liebenswürdige Begrüßung des Türken begeisterte alle

and it was made doubly amiable by the aid of the Princess Metternich, who presided for him. (…)

One of the first figures I remarked on entering the room was the Nuncio. The greetings between him and his Ottoman host were graceful and cordial as tolerance and peace could desire. Godfrey of Bouillon might perhaps have shaken his plumed crest at seeing the cross and the crescent so placed; but, in these latter days, one such ball would be reckoned worth a dozen crusades.

und war doppelt liebenswürdig, weil die Fürstin Metternich ihm zur Seite war und die Honneurs machte. (…)

Eine der ersten Gestalten, die ich bemerkte, als ich den Raum betrat, war der Nuntius. Die Begrüßung zwischen ihm und seinem osmanischen Gastgeber war würdig und so herzlich, wie gegenseitige Achtung und Friedfertigkeit es nur wünschen können. Gottfried von Bouillon hätte vielleicht seinen Helmbusch gewiegt, wenn er Kreuz und Halbmond so nah beisammen gesehen hätte; aber heute wird ein solcher Ball höher geschätzt als ein Dutzend Kreuzzüge.

Nachwort

Natürlich hätten wir noch gern die charmant plaudernde Mrs Trollope in der Kutsche nach München begleitet. Wir hätten überhaupt gern viel weiter ausgeholt. Wären gern mit George Bernard Shaw nach Moskau gereist, um den schroffen Spötter beim Ansturm seiner Bewunderer im Blitzlichtgewitter der Fotografen glücklich lächeln zu sehen; hätten uns gern an die Fersen von Englands «tireless traveller» Anthony Trollope geheftet, um mit ihm in Transvaal oder in Ceylon oder mitten im Dschungel zu landen.

Aber die Aufgabe war klar begrenzt: In einem Taschenbuch eben dieser Stärke sollten, in englisch-deutschem Paralleldruck, einige besonders bezeichnende und für uns Deutsche folgenreiche Beispiele britischer Reiselust gezeigt werden. Und das waren vor allem Berichte aus der Welt rings um das Mittelmeer.

Nicht umsonst hat zuerst für diesen Raum der kluge Thomas Cook Bildungsreisen angeboten. Er wusste, dass viele seiner Landsleute durch Schule und Literatur mit der Antike und dem Mittelalter und der Renaissance vertraut waren und Lust (und Zeit und Geld) hatten, die Alte Welt an Ort und Stelle zu besichtigen.

Emily Birchall zum Beispiel las griechische und lateinische Texte im Original. Mary Shelley war mit dem griechischen Götterhimmel ebenso vertraut wie mit Shakespeares Werken. Captain Leake's Weggefährten bei seinen langen Ritten durch die Peloponnes waren Pausanias, Plinius und Strabo. Lady Montagu verglich die Tracht der griechischen Landarbeiter, die sie in der Nähe von Adrianopel sah, mit derjenigen in Theokrits Schilderung des Landlebens; und sie kannte ihren Homer so gut, dass sie vergleichend feststellen konnte: «The snowy veil that Helen throws over her face is still fashionable.»

Bildung lockt zum Vergleichen. Samuel Johnson stellte 1760 im «Idler» fest: «One part of mankind is naturally curi-

ous to learn the sentiments, manners, and condition of the rest; and every mind that has leisure or power to extend its views, must be desirous of knowing in what proportion Providence has distributed the blessings of nature or the advantages of art, among the several nations of earth.»

Die alten Stätten aufsuchen; verlorene Schätze wiederentdecken; Ursprünglichkeit finden; fremde Sitten und Gebräuche beobachten; im heiteren Klima neue Lebenslust gewinnen; neugierige Blicke ins Morgenland werfen; und sich dann und wann über die eigenen Landsleute mokieren, die – das gleiche tun:

Dies und vieles andere haben «die Engländer» uns vorgemacht.

Die älteren Texte sind in ihrer ursprünglichen Schreibweise wiedergegeben. Wer sein aktuelles Englisch üben will, wird es nicht ausgerechnet anhand von Lady Montagus Bericht tun. Dafür zeigt dieser Text (und zeigen einige andere Texte weniger auffällig), wie wenig ehern auch im Englischen die Wortformen und die Schreibgepflogenheiten sind.

(ENOCH) ARNOLD BENNETT (1867–1931)
Erfolgreicher Erzähler und Dramatiker. War zunächst Journalist, ab
1896 freier Schriftsteller. Lebte von 1902 bis 1912 in Frankreich und
wurde geprägt von Balzac, Maupassant und Zola. Seine bekanntesten Romane: «The Old Wive's Tale», die Trilogie «Clahanger»,
«Hilda Lessways» und «These Twain». Eine seiner amüsantesten
Erzählungen ist «The Grand Babylon Hotel».

EMILY BIRCHALL (1852–1884)
Als Tochter eines wohlhabenden Quäkers erhielt sie eine sorgfältige
Ausbildung und bestand das «Cambridge Examination for Women»
als Zwanzigjährige mit Auszeichnung. Sìe heiratete einen reichen verwitweten Tuchhändler. Die Hochzeitsreise dauerte ein halbes Jahr und
führte über Paris, Südfrankreich und Italien nach Sizilien und Wien.

JAMES LINTON BOGLE (1852–?)
Er kommt hier zu Wort als Vertreter des wohlhabenden, gebildeten
Bürgertums. Nach Abschluss seines Medizinstudiums reiste er, um
eine Lungenerkrankung zu kurieren, mehrere Monate nach Neuseeland. Eine ausgedehnte Reise führte ihn nach Indien. Sein Buch
«The meanderings of a medico», aus dem der Beitrag «Engadin»
stammt, schildert sein Leben als Arzt und seine Reiseerlebnisse.

GEORGE HENRY BORROW (1803–1881)
Schriftsteller und reiseerfahrener Philologe. Sein besonderes Interesse galt der Zigeunerkultur; er verfasste ein Wörterbuch der Zigeunersprache. Er lebte einige Jahre in Spanien. Sein Buch «The Bible
in Spain», das seine Erlebnisse während der Karlistenkämpfe schildert, begründete seinen literarischen Ruf. Unser Text entstammt
diesem Buch. Weitere Werke: «Lavengro», «The Zincali, or an
Account of the Gipsies in Spain», «The Romany Rye».

GEORGE GORDON NOEL LORD BYRON (1788–1824)
Mit zehn Jahren erbte er die Peerswürde, und 1809 bekam er seinen
Platz im House of Lords; im selben Jahr reiste er nach Portugal, Spa-

nien, Malta und in die Levante. Das Versepos «Childe Harold's Pilgrimage» machte ihn 1812 berühmt (an einem Tag wurden 18.000 Exemplare verkauft). 1816 verließ er England für immer. Er begeisterte sich für die Befreiung der Griechen von der Türkenherrschaft. Bald nach der Landung in Mesolongion, wo er sich den Freiheitskämpfern anschließen wollte, starb er an Malaria. Werke: Dramatische Gedichte; «Manfred» (1817); Verserzählungen. Das satirische Epos «Don Juan», das Goethe «ein grenzenlos geniales Werk» nannte, blieb unvollendet.

CHARLES DICKENS (1812–1870)
Nach harter Kindheit Anwaltsschreiber, Reporter, Parlamentsberichterstatter, Begründer des sozialen Romans. Er war ein außerodentlich erfolgreicher und beliebter Autor. Mehrere seiner Bücher erschienen über Monate hin in Fortsetzungen, die von einem großen Publikum sehnsüchtig erwartet wurden. Einige berühmte Titel: «Pickwick Papers» (1837/38), «Oliver Twist» (1838/39), «Christmas Stories» (1843/47), «David Copperfield» (1848/50). Dickens hat auch kurze Erzählungen verfasst sowie nach einer Amerikareise eine kritische Beschreibung der USA.

JOHN GALT (1779–1839)
War seit 1804 im Dienst einer Handelsgesellschaft, für die er ganz Europa bereiste. Auf einer Mittelmeerreise traf er Byron. Lebte von 1826 bis 1834 in Kanada, verlor dort sein Vermögen; die Stadt Galt in Kanada ist nach ihm benannt. Verfasste biographische Essays und Romane im Stil Smolletts, in denen er das schottische Leben auf dem Land schilderte. Seine Byron-Biographie, aus der die vorliegende Passage stammt, ist die einzige kritische Betrachtung zu Leben und Werk Byrons von einem Zeitgenossen.

HENRY JAMES (1843–1916)
Romanschriftsteller. Als Sohn des wohlhabenden Schriftstellers Henry James sr. in New York, London, Paris und Genf zum Weltbürger erzogen. Nach dem Jurastudium ab 1864 Kritiken und

Stories für verschiedene Zeitschriften. 1875/76 Korrespondent in
Paris; Bekanntschaft mit Flaubert und Turgenjew. Lässt sich 1882
endgültig in England nieder; wird wegweisend für die Entwicklung
des psychologischen Romans. Ein Hauptthema in seinen Werken:
die Begegnung von Amerikanern mit Europa; z. B. «Daisy Miller»,
«The American», «The Ambassadors». Wichtige Spätwerke: «The
Turn of the Screw», «The Wings of the Dove», «The Golden Bowl».

D(AVID) H(ERBERT) LAWRENCE (1885–1930)
Romanschriftsteller, Essayist und Lyriker. Stammt aus einer Bergarbeiterfamilie. Eine Lungenerkrankung seit dem Kindesalter bestimmt sein rastloses Leben. Lehrerausbildung. 1911 erster Roman
«The White Peacock». 1914 Verbindung mit Frieda von Richthofen.
Reisen nach Deutschland, Schweiz, Italien, Australien und Neu-Mexiko (hier entstand die Novelle «The Woman Who Rode Away»).
Freundschaft mit Aldous Huxley. Verbot und Zensur von «Lady
Chatterley's Lover». Lebte danach in Italien und Neu-Mexiko. Weitere Werke: «Sons and Lovers», «Sea and Sardinia», «The Virgin
and the Gipsy». © Laurence Pollinger and the Estate of Frieda
Lawrence Ravagli.

M(ARTIN) W(ILLIAM) LEAKE (1777–1860)
Hauptmann der britischen Armee; seit 1800 in halbdiplomatischer
Mission in Konstantinopel, Ägypten und der europäischen Türkei.
Seine Reiseberichte «Travels in the Morea» (daraus ist vorliegender
Bericht),«Travels in Northern Greece», «Journal of a Tour in Asia
Minor» und seine topographischen Arbeiten haben ihn bekannt
gemacht.

E(DWARD) V(ERALL) LUCAS (1868–1938)
Essayist, Journalist, Biograph. Sein sehr umfangreiches Œuvre
reicht vom Kinderbuch über Kunstkritik («Arts & Letters») und
Biographie (z. B. Lamb-Biographie) bis zum Reisehandbuch. Er
verfasste eine Reihe von Städtebeschreibungen mit dem Titel
«A Wanderer in Paris … in Rome … in London … in Venice».

W(illiam) Sommerset Maughan (1874–1965)
Als Sohn eines Beamten der britischen Botschaft in Paris aufgewachsen. Medizinstudium in London; Philosophiestudium in Heidelberg. Ausgedehnte Reisen bis Ostasien und zu den Südseeinseln. Lebte als Kosmopolit in London, New York, Paris, ab 1930 bei Nizza. Schrieb psychologische Romane und Novellen; verfasste 30 erfolgreiche Bühnenstücke zum Thema Liebe und Ehe. Hauptwerke: «Of Human Bondage», «Ashenden», Erzählungen über Menschen in der Südsee. Der vorliegende Text ist dem Buch «Andalusia» entnommen. © The Royal Literary Fund 1905.

George Meredith (1828–1909)
Lyriker und Erzähler des Realismus. Aufgewachsen in kleinbürgerlichen Verhältnissen. Ab 1845 freier Schriftsteller und Journalist in London. Seine erste Frau war die Tochter von Thomas Love Peacock. Zeitweilig Verlagslektor und Italien-Korrespondent für die «Morning Post». Machte mit Gedichten Rossetti und Swinburne auf sich aufmerksam. Hauptwerke: «The Egoist»; «The Ordeal of Richard Feverel»; «Diana at the Crossway» (Romane).

Lady Mary Wortley Montagu (1689–1762)
Älteste Tochter des Herzogs von Kingston; befreundet mit Addison, Pope und Swift. Als Frau des Botschafters in der Türkei reist sie nach Konstantinopel; es entstehen «Letters from the Levant». Darin beschreibt sie ein türkisches Bad (hier auf Seite 166 ff.) und inspiriert damit Ingres zu dem berühmten Gemälde «Le Bain Turc». Sie setzte sich für die in der Türkei praktizierte Pockenimpfung in England ein. Ab 1739 lebte sie in Frankreich und Italien, kehrte 1762 nach England zurück. Werke: «Town Eclogues», anonym erschienen; die polemische Serie «The Nonsense of Common Sense»; Briefe an ihre Tochter.

Sir John Murray IV (1851–1928)
Stammte aus einer Verlegerdynastie, die durch Reisehandbücher, die «Murray Guide Books» z. B. für Frankreich, Süddeutschland und

die Schweiz und durch die Herausgabe der Werke Byrons bekannt
wurde. Vorliegendes Reisebild aus den Pyrenäen ist dem Buch «John
Murray III, a brief memoir by John Murray IV» entnommen.

Sir Walter Scott (1771–1832)
Schottischer Schriftsteller und Balladendichter, Ausbildung zum
Rechtsanwalt. Beeinflusst vom «Sturm und Drang» übersetzte er
Balladen von Bürger und Goethes «Götz von Berlichingen». Begründete mit «Waverley» (1814) den historischen Roman. Bewunderer Byrons. Reisetagebuch nach Byrons Vorbild über die Reise
nach Malta, Neapel usw. 1831 (hier Auszug). Werke: «The Heart
of Midlothian», «Ivanhoe», «Die Braut von Lammermoor».

Mary Wollstonecraft Shelley (1797–1851)
Tochter des Schriftstellers W. Godwin, zweite Frau von Percy Bysshe
Shelley. Schrieb als Neunzehnjährige den Schauerroman «Frankenstein, or The Modern Prometheus», der 1818 erschien. Verfasste
außer Reiseberichten (z. B. «Rambles in Germany and Italy») und
Kurzgeschichten sieben Romane (z. B. «Valperga», «The Last
Man»). Sie edierte P. B. Shelleys Gesamtwerk.

Tobias George Smollett (1721–1771)
Schottischer Schriftsteller aus angesehener Familie. Nach dem Misserfolg mit seinem ersten Drama «The Regicide» (1739) ging er als
Assistent eines Schiffsarztes nach Jamaika. Dort Eheschließung mit
der Tochter eines Plantagenbesitzers. Erste erfolgreiche Romane:
«The Adventures of Roderick Random» (1748) und «The Adventures of Peregrine Pickle» (1751). Die Schilderungen von Aix en
Provence und einer Fahrt auf der Rhone sind seinem kritischen
Reisebericht «Travels Through France and Italy» entnommen.

Laurence Sterne (1713–1768)
Kam aus angesehener, aber nicht begüteter Familie. Theologiestudium 1735–40; dann Vikar in der Nähe von York. Sehr populärer
Roman «The Life and Opinions of Tristram Shandy, Gentleman»;

mit dem Romantitel «A Sentimental Journey through France and Italy» (1768) prägte Sterne den Begriff für die neue Strömung der «Empfindsamkeit» (deutsche Übersetzung von Lessing).

WILLIAM MAKEPEACE THACKERAY (1811–1863)
Nach abgebrochenem Jurastudium Europareise. 1834 Korrespondent in Paris. 1837 Rückkehr nach England. Schrieb Essays und – oft selbst illustrierte – Erzählungen. Satirische Serien für «Fraser's Magazine» und ab 1842 für «Punch». Der Durchbruch gelang mit dem Roman «Vanity Fair» (1847/48): Ein Jahr später «The Book of Snobs». Zwei Vortragsreisen in die USA. Lebenslange Rivalität mit Dickens. Herausgeber des erfolgreichen Cornhill Magazine. Vorliegender Text stammt aus «Notes of a Journey from Cornhill to Grand Cairo».

FRANCES TROLLOPE (1780–1863)
Mutter des Reiseschriftstellers Anthony Trollope. Sie wurde bekannt durch die Satire «Domestic Manners of the Americans», die sie 1832, nach ihrem geschäftlichen Misserfolg in Cincinnati, in England veröffentlichte. Von da an schrieb sie zahlreiche Romane und Reisebücher. Die Schilderung des gesellschaftlichen Lebens in Wien ist dem Buch «Vienna And The Austrians» entnommen.